学校は子どもと地域のたからもの

学校統廃合と小中一貫校にかわるプランを

山本由美
今西　清
柏原ゆう子 著

自治体研究社

はしがき

突然、子どもの学校、地域の学校がなくなってしまう、教育委員会から、あるいは、校長先生から告げられた。校長先生や担任の先生は、もう決まったこと、大きい学校に行けるのは子どもにとってよいこと、としか言ってくれない。でもうちの子どもは今の学校や友だちが大好き。どうしたらいいんだろう。

そんな親たち、地域の方たち、そして、子どもたち自身に読んでほしくて、この本を作りました。

学校とは、もともと地域の大切な場所として、親たちや地域の人たち、そして子どもたち自身がつくり上げ、守ってきたもの、「地域の歴史であり、文化の中心」なのです。特に小さな学校では、先生と子どもの人間的なあたたかいふれあいや、地域との深い結びつきが実現してきたことが多いのです。学校統廃合は、教育委員会や事情を知らない人たちが勝手に決めることはできません。決められるのは主権者である親、地域住民、そして意見表明権が認められるようになった子どもたちなのです。

市や町のお金の問題なのに「小さな学校は子どもによくない」という「理由」を宣伝して学校統廃合は進められていきます。本当は、どうして統廃合は行われるのか、具体的にどうしたら止められるのか、小中一貫校という統廃合が行われたらどんなことが起きるのか、ぜひ、この本から正しい情報を知ってほしいです。

そして、いろいろな人たちが手をつなぐことで、学校を守ることができます。体験的には、３人の親たちが本気で自分たちの学校を守りたいと思ったら、そしてつながりを広げていったら、その学校の廃校は止められると思っています。ぜひ一緒に考えていただければ、そして一歩を踏み出していただければ、この本がその手助けになれば幸いです。

【目次】

学校は子どもと地域のたからもの

―学校統廃合と小中一貫校にかわるプランを―

PART 1

どうして、いま学校統廃合？

1　子どもの学校がなくなる？

（1）どうして学校がなくなるの

子どもの通う地域の学校がもうすぐ廃校になるかもしれない、急にそのような計画を聞いて混乱している保護者の方は多いでしょう。隣の学校の子どもたちと一緒になって子どもはいじめにあわないのか、遠くなる通学距離に危険はないのか、何より子どもも保護者も慣れ親しんだ学校がなくなってしまうことを、どう受け止めたらよいのか、地域から学校がなくなると、子どもの姿を見ることもできなくなる、若い子育て家族が戻ってきたり移住したりすることもなく町がさびれてしまう、ますます人口が減ってしまう、そんな不安な気持ちをかかえる地域の方も多いはずです。

担任の先生や校長に聞いても、「もう決まったことです」「教育委員会がやることだから」といった返事しか返ってこないかもしれません。あるいは教育委員会が「小さい学校は子どもによくない」「切磋琢磨できない」「クラス替えがないといじめ～いじめられ関係から逃げられない」「何年後かに子どもが少なくなって複式学級ができる、そうしたら子どもはもっとかわいそう」、教育委員会はそんなことを説明して、親たちをさらに不安にさせます。親も一人で悩み、地域の方も親たちと手を結ぶことができないで悩んでいるかもしれません。

どうしてこんなことになるのか、そして、子どものためにはどうしたらいいのか、親も地域住民も、どうしたら一緒に考えることができるのか。一緒に考えてくれる心ある教師たちはどこかにいるのか、そしてどうしたらみんなが手を結べるのか、一緒に考えてみたいと思います。

（2）全国でたくさん起きている学校統廃合

あなたの子どもの学校が突然なくなる！　でもそれは日本中で起きていることで、珍しいことではありません。

図1－1に見るように、この25年間くらい、公立の小中学校と高校を合わせて毎年300校から600校くらいが廃校になっています。その中でもたくさんの小学校がなくなっているのがわかります。1つの小学校に通学する区域を小学校区と言いますが、今、それが、廃校のターゲットになっているのです。

ただ、これはあなたの住んでいる県によってずいぶん違ってきます。図1－2は、小中高等学校がこれまでに（18年間で）何校廃校になっているか、都道府県別に整理してみたものです。

廃校になった数がダントツ多いのは面積が広く過疎化が進む北海道です。しかし、東京都が第2

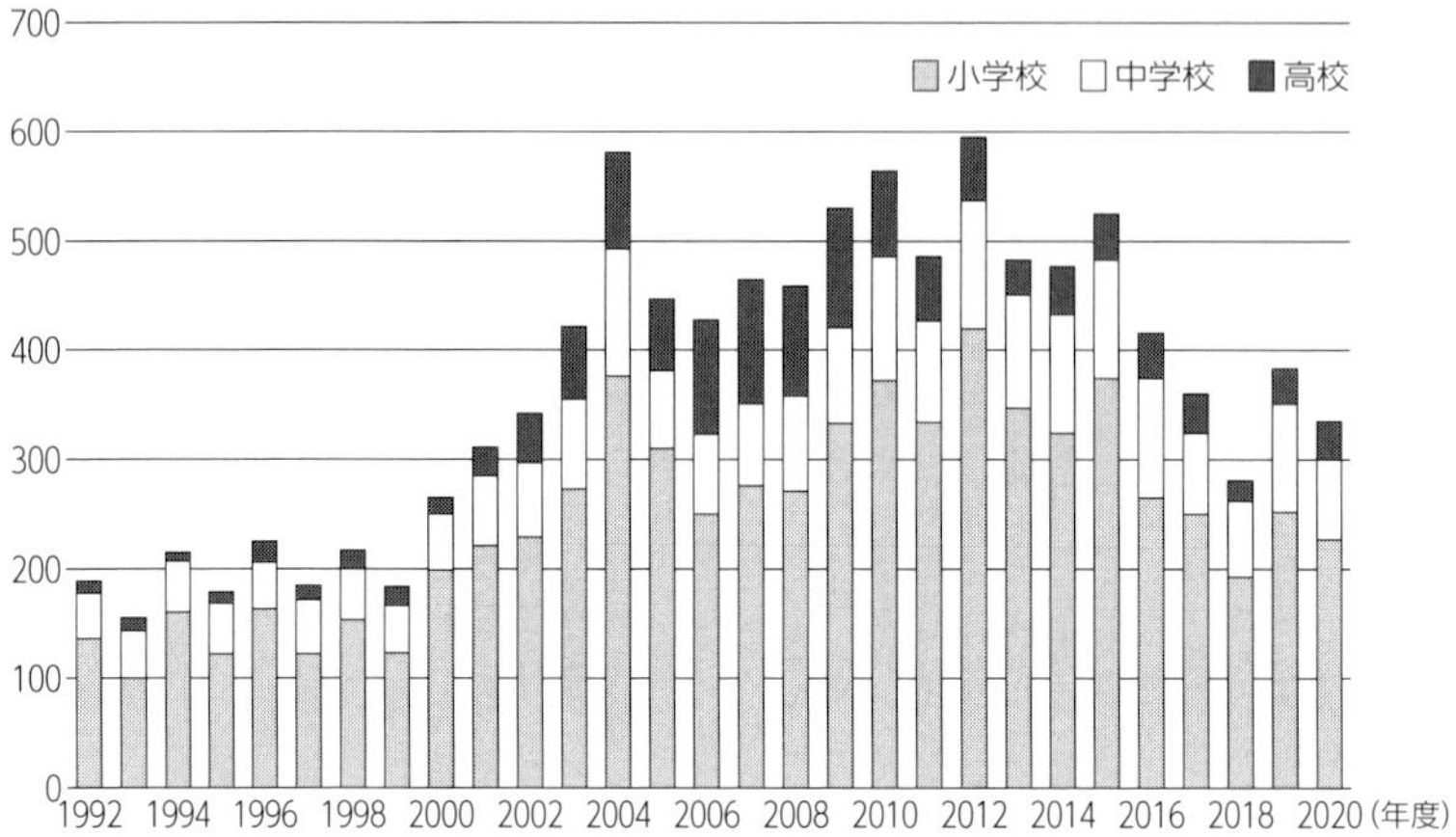

図１－１　公立小中高廃校数推移（1992年度～2020年度）

出所：文部科学省（2022年）「令和３年度公立小中学校等における廃校施設及び余裕教室の活用状況について」（https://www.mext.go.jp/content/20220331_mxt_sisetujo-000021567_1.pdf 最終閲覧日 2025年１月15日）より筆者作成。

位なのにびっくりするでしょう。東京は日本で最も人口が増えているのだから。第３位からは、岩手県、熊本県、新潟県といった、地方で人口も子どもの数も減っている県が続きます。ただ、なくなる学校が少ない県を見ると滋賀県や福井県などに加えて、人口も多い大都市の名古屋市がある愛知県の名前があります。

なぜ東京で廃校数が多くて、愛知県で少ないのか、これは都や県の政治の方針と関係があるのです。子どもの数が少ないから廃校が多いというわけではないのです。東京では、２０００年から２００７年の間に、行きたい小・中学校を自由に選べる「学校選択制」が導入されました。そこで小さな学校が選ばれないために、全校「１５０人」や「１８０人」を割ってしまう

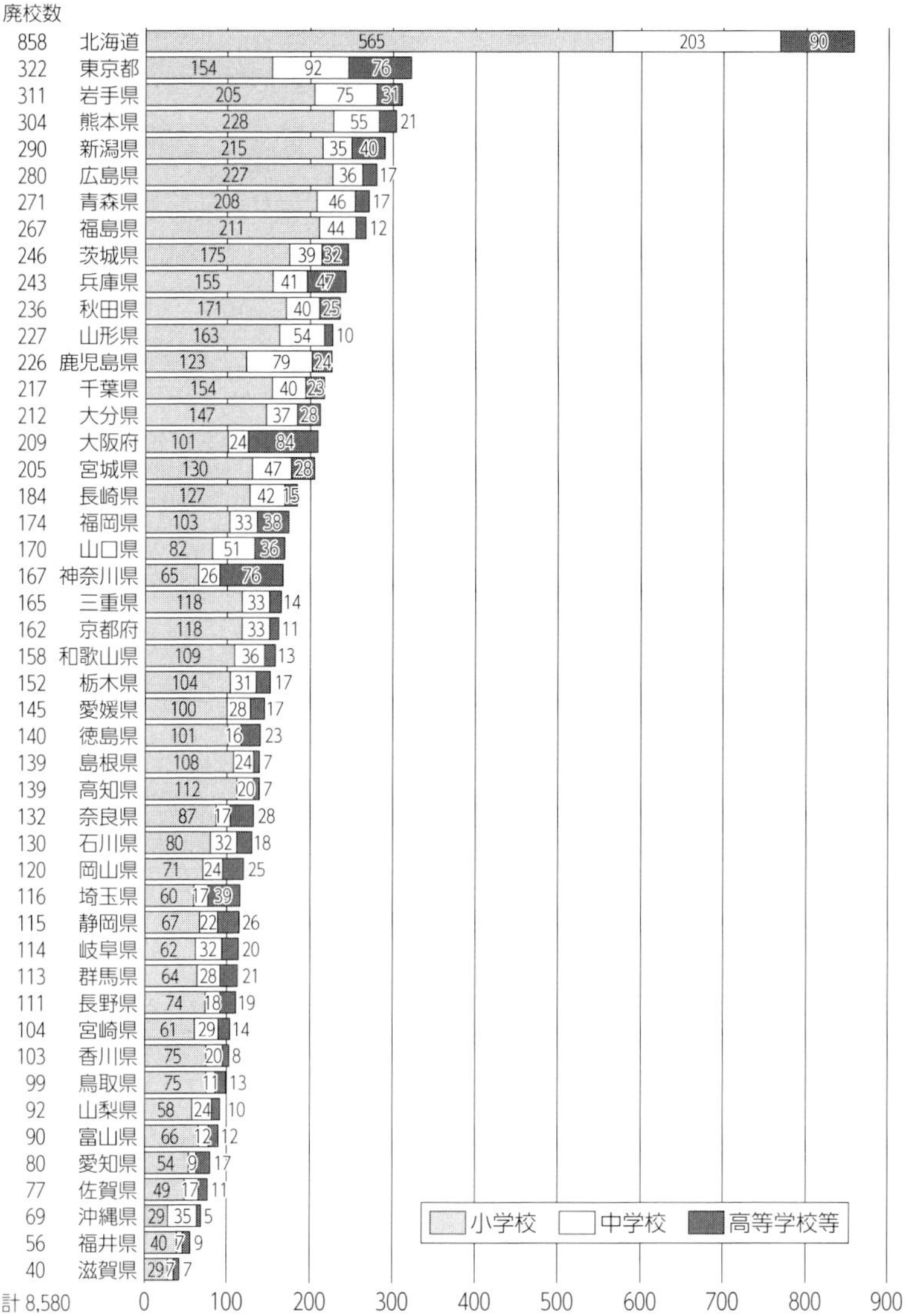

図1－2　公立学校の都道府県別廃校数（2002 年度～2020 年度）

出所：図 1－1 に同じ。

ようなことが起きました。その時に、その人数を下回ったら学校を閉じると行政が勝手に決めたために、この時期だけで約90校の小中学校がなくなったのです。ただ、子どもの数の理由だけで学校を閉じてしまうと、地域の伝統や文化が途切れてしまい、地域に恨みや嫌な気持ちが残るなど、子どもたちにとってもよくないことが起きました。そして地域の人たちが中心になって見直しを求めたために「学校選択制」の多くは、その後、見直されたり廃止されたりしました。

また、学校を閉じるのは多くの場合、お金の問題が絡んでいることが多く、行政がお金をかけたくないがために行われるのがほとんどです。だから、「子どもが少なくなったから学校を閉じる」といった理由は、1度疑ってみた方がよいかもしれません。

(3) 小さい学校は子どもにとってよくないの?

教育委員会は、「小さい学校は子どもにとってよくない」「クラス替えができなくて子どもたちがかわいそう」「人間関係が固定化してしまい、いじめられる子はずっといじめられたまま」「社会性が育たない」そして声を大にして「子どもたちが切磋琢磨できない」と言い続けているかもしれません。そして、場合によってはあなたの学校の校長も同じことを言うかもしれません。

でも、教育学の立場から、小さな学校は子どもにとってよくない、ということは証明されていませせん（傍点筆者）。１９７３年に文部省が出した「通達」では、小さい学校には「教師と子どもの人間的なふれあい」や、「個別指導」の面で優れた点があるので、「小さい学校のまま維持し、充実させていく方が望ましい場合もある」と述べられていました。

東京の下町にある全校65名だった第二日暮里小学校は子どもたちも教師たちも全員の顔と名前がわかり、縦割り活動を活かして上級生たちが下級生を教える、家族のようなあたたかさのある学校でした。

ところが２００３年、区に学校選択制が入ったときに新入生がゼロになってしまい、もしも来年もゼロだったら廃校にすると教育委員会に言われてしまいました。そこで親たち、地域の人たち、教師たち、そして子どもたちも全力で学校を守り抜きました。土曜日や夏休みの学びやスポーツ、まつりなどのさまざまなイベント、校門で子どもたちによる朝のあいさつ、学童保育をつくる親たちによる署名運動、いろいろな活動の結果、翌年、15人の新1年生を迎えることができました。そして、小さな学校で多くの人に愛され大切にされた子どもたちは、困難にあっても負けない力、自分たちの手で未来をつくっていく力をつけて巣立っていきました。20年たった今、その学校には約３００人の子どもたちが通います。地域の再開発などで子どもの数が急に増えたりすることは、都市部ではよくあることです。でも、その小さな学校は本当に魅力的でした。あの時の彼らは、学校を守ったことをきっと誇りに思っているでしょう。

小さい学校の方が、全国学力テストの点が低いとか、いじめが多いとか検証したデータがあるわけではありません。いつから、そしてどうして小さい学校はよくないと言われるようになったのでしょうか。1950年代に「昭和の大合併」という、小さな村や町を一緒にして市などにする行政の改革が行われたときに、学校は「12学級から18学級」の大きさであることが望ましい、とされたことがあります。それは、子どもにとってその大きさが教育をするのによいサイズであるというわけではなく、国が行政を効率よく進めていく上で、小さな単位の村ではやりにくいので、大きくまとめていくために決めたものでした。そこで、人口8千人の村に1校の中学校を作ると「12学級から18学級」になることから決められた数字なのです。それが、学校教育法施行規則という国の法律に「標準学級数」として書かれることになっていったのです。

しかし、その後、多くの市や町で、その「数字」を学校の「適正規模」、つまり「子どもにとって望ましい規模」と読み替えたり、その数字を勝手に大きくして「18学級から24学級」とかえてしまったりすることが平気で行われるようになったのです。学級数が足りない学校は、「小規模校」や「過小規模校」なので廃止してしまうと決めるところも出てきました。

また、教育委員会が「学年何クラスが1番望ましいと思いますか?」と親や住民にアンケートを取り、「学年3学級が望ましい」という答えが多かったから、市の基準は「学年3学級以上」にしましょう、といった勝手なことも行われています。本当は、地域コミュニティの子どもが歩いて通えるところ、親や地域の方の目の届くところに学校があることは、学級数の問題と比べられないほど子どもにとって大事な価値のあるものなのです。

図1－3は、全国で、何学級ある学校が何校あるのか、「学級数別学校数」をまとめたものです。全国の小学校、中学校で1番数が多いのは、小学校6学級、中学校3学級の「単学級校（1学年1学級の学校）」です。1985年と1995年にはもっと多かったですが、2015年でも小学校は飛びぬけて多いです。小学校は、圧倒的に歩いて通える小さな学校が多いのです。これは、どんな山の中や遠い島へ行っても小学校や中学校が子どもたちに平等な教育サービスを提供しているからです。また、小学校では、複式学級や分校の学校も一定の数があります。

（4）小さな学校でも残した方がよいケース

文科省は2015年に学校統廃合の「手引き」（文部科学省「公立小学校・中学校の適正規模・適正配置等に関する手引き（平成27年1月27日）」）を58年ぶりに新しくしました。そこには、最近の「新しい学び」には、「自ら課題を発見し、主体的に学び合う活動など、協働的な学習」や「グルー

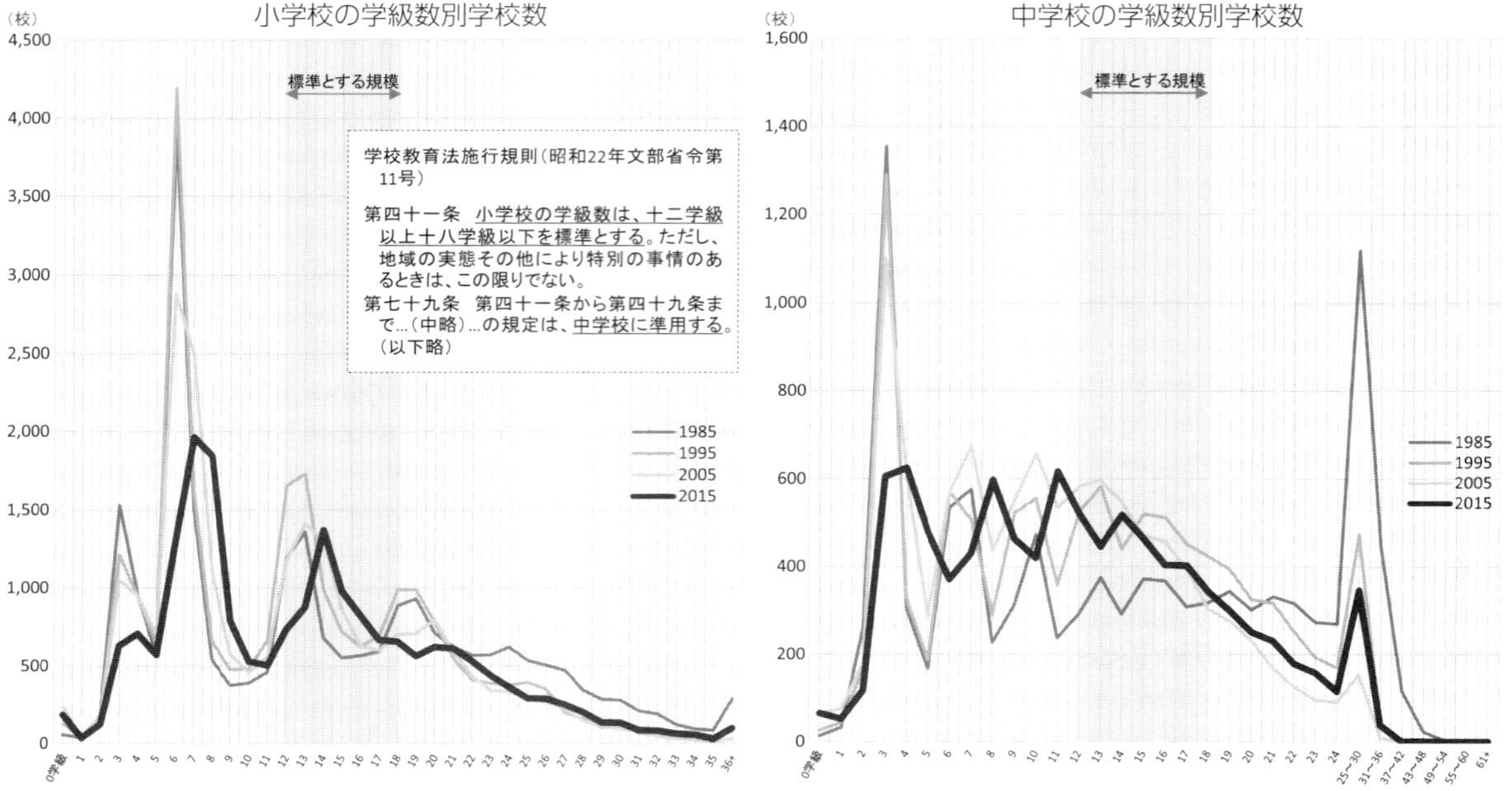

図１－３　学級数別学校数の推移（公立）

注：文部科学省「学校基本調査」から総務省作成。

出所：総務省自治行政局（2017 年）「自治体戦略 2024 構想研究会（第２回）事務局提出資料」。

プ学習、ＩＣＴの積極的な活用」が必要なので、学年2学級あることが「望ましい」とは書かれています。ただし、そのような教育を行うにはいったい何人が必要か、きちんと調べられているわけではないのです。

そして、「手引き」には小さな学校でも残した方がよい場合もあるとして、「学校が遠かったり、雪が深い地域にあるなど通学が大変なケース」「学校が地域コミュニティにとって中心的な場所であり、地域をあげて充実していってほしいと願うケース」などがあげられています。その場合には、「時々、他の学校の子どもたちと交流活動をする」「ＩＣＴを活用した授業」「地域の図書館など社会教育との交流」「小規模特認校やふるさと留学などで他の学区の子どもが通えるようにする」など、小規模校で学ぶことによる課題を補う方法がたくさんあるのです。

例えば、岐阜県の山県市では、「山県方式」と言って、スクールバスで、ときどき小さな学校の子どもたちが他の学校の子どもたちと一緒に「総合学習」などの交流授業を行っています。多くの友だちと交流できる上に自分の学校がなくなる心配がないので、子どもたちは安心して学ぶことができるのです。

また、子どもの人数がさらに少なくなると、2つ以上の学年を超えて1つのクラスで勉強をする「複式学級」という形になってしまい子どもがかわいそうだという意見もあります。ただ、「複式学級」だと子どもの学力が低くなったり、発達に問題が起きるといったことは教育学では証明されていません。文科省も「手引き」では、「複式学級」では、先生に「技術」が求められたり、転校した時に進み方が違うので子どもが大変、といった問題をあげているだけです。また近年、市や町独自の学級の大きさの変更や、講師の先生の採用などが認められるようになったので、もし望むならば「複式学級」にしないでおくことも市や町単位でできるようになっています。

(5) スクールバスの通学は子どもにとって

また2015年の文科省「手引き」では、これまでの小学校「4キロメートル以内、中学校6キロメートル以内」という通学距離基準に加えて、「スクールバスなどを使っておおむね1時間以内」という通学時間の基準が初めて入りました。

全国で、1時間に近いバス通学圏内に学校がまとめられるケースも出現しています。子どもたちにとっては通学が大きな負担になり、部活動など放課後の活動も制限されてしまうことになります。

1976年に小学校の統廃合に反対する裁判で「小学校の徒歩通学は子どもの人格形成に意義がある」(名古屋高裁金沢支部判決)という判決が出されています。子どもが歩いて学校に通うことで自然と触れ合い、学校と地域の関係も深まることが、子どもが成長・発達していくことに意味を持っているとするものでした。特に、まだ家庭と学校と身近な地域を認識している発達段階の小学生にとって、生活するコミュニティの歩いて行ける場所に学校があることは大事なことです。

統廃合をしてスクールバスを導入してみたものの、お金の負担が大きいため民間のバスに変えてしまった市もあります。つくば市では年間2億円以上のバス経費がかかり、コロナの時期やインフルエンザなど感染症が流行した時に、保護者がバスの便数を増やしてほしいと声をあげましたが、市はお金がないと断っています。

（6）教育を受ける権利を保障するための学校設置義務

子どもが教育を受ける権利を保障するために、国や市町村は学校をつくる「学校設置義務」という責務を負っています。どこにどんな学校をつくるのかは教育行政にとって最も大切な仕事の1つなのです。ですから、学校統廃合を行うときは、広くいろいろな関係者の声を聴いて「合意形成」することが大切だと文科省も口をすっぱくして言っています。

そこで、もしも教育委員会が学校統廃合を行いたいと考える時は、親たち、先生たち、地域の代表、研究者、保育園や幼稚園などの関係者、市民から広く公募した委員、などいろいろな立場の人たちによる「学校あり方検討委員会」「適正配置適正規模審議会」などを準備します。市や町で人数はまちまちですが、20～30人くらいのところが多いかもしれません。

そして、学校をこれからどうしていくか審議してもらうよう「諮問」します。その会議は1年から2年くらいの間、公開されて月に1度ぐらい定期的に続けられ、最後に、話し合った結果を教育委員会に「答申」という形で出します。教育委員会はその内容にもとづいて、さらに地域や親向けの説明会をくり返して学校統廃合の「案」をつくっていくのです。

そうやってできた「案」が教育委員会で審議され承認された後、今度は議会で議論されることになります。

ところが最近、市によってはこのような教育の合意形成を行わないケースも見られます。東京の三鷹市では、2つの小学校を1つの場所に「移転」するだけなので、「まちづくり」として市議会で話し合うだけでよいとしています。東村山市も、学校の施設を1つの場所に「集約」するだけだと説明します。そこには、子どもや親や地域の声が、新しい学校づくりに全く届かないと言った、これまでにない異常なことが起きていると言えるでしょう。

2　学校がなくなる本当の理由

（1）本当はお金の問題

それでは、どうして市や町は学校をなくそうとしているのでしょう。その1番の理由はお金です。古くなった学校の校舎を壊したり、新しい学校をつくるのに市や町は多くの予算をつかわなくてはならないのです。特に、子どもの人数が多かった1970～1980年代に建てられた校舎がとても多いため、それが一斉に古くなって工事の時期がこれから集中してやってくるのです。

そして、国は2つ以上の学校を一緒にして新しい校舎を建てる場合は2分の1のお金を出すといった法律をつくっています。

さらに、2014年から国が始めた「地方創生」政策の中で、総務省はすべての県や市町村に「公共施設等総合管理計画」をつくることを求めました。これは今ある公共施設のすべてを、未来に改修工事するには予算が不足するので、あらかじめその量を減らすよう、市や町に計画を立てさせるものです。今後市町村では30～40年、県では10年の長い計画が立てられています。施設を減らすのに例えば30％とか40％減らすといった数値目標を定めるところもあります。公共施設を民間に運営してもらうようにする「民営化」も進められます。そのような手法として施設の建設、維持や運営を民間企業に委託したりするＰＰＰ／ＰＦＩの手法がとられることも多いです。

そして、今ある公共施設を廃止したり、統合したり、異なった施設を一緒にする「複合化」をしたりすると、国から有利な形でお金が借りられる仕組みになっているのです。例えば、学校に公民館や図書館や学童保育、保育所を一緒にしてしまうことも行われたりします。それに、２０２６年までに計画すれば「地方債」として国からお金が借りられるといった期限がついているものもあるのです。古くなった施設をたくさん抱える市町村は、国からお金が出るこの計画に飛びついてしまうのです。さらにその4割の市や町がコンサルタントという民間の団体に計画を立てること自体を委託しているのです。そのお金も国から借りることができる仕組みなのです。

コンサルタントの中には、住んでいる人の生活やコミュニテイのことを無視して強引な統合計画を立てるところも多いのです。そして、市や町が持っている公共施設の総床面積のうち、だいたい3割から6割の量が学校なのです。「子どもが少なくなった」と表向きの理由をあげて、学校をまとめて数を少なくしてしまうことが1番都合がいいのです。

また、国土交通省も「コンパクトシテイ」といって、公共施設を一部の「拠点」にまとめていく「立地適正化計画」をつくっていく市や町に補助金を出しています。それはいくつかの学校施設や他の施設を1か所にまとめて面積を減らすのに活用されています。

文科省は、これまでは学校を統合するのは子どもたちの教育のためだと言ってきました。ところが、2024年になってから、教育の中身とお金が安くて済むことをセットで示すようになりました。

図1－4は、文科省が外部委託調査を行った報告書の中で、地域で「現在の学校数を維持した場合」と「中学校区ですべての小学校と中学校をまとめた場合」、および「文科省が行っている望ましい学校規模、12学級以上を維持した場合」の3パターンで比較して、学校のあり方とこれからの改修工事にどれだけのお金がかかるかを試算したものです。

学校を統合してまとめてしまうほど、校舎はICT設備のメディア・センターや地域開放施設など充実したものになり、教職員の数も十分配置できて、いいことずくめに描かれ、さらにコストも安くできるとされています。「早くとりかかれば早くコスト効果も表れる」と統合を後押しする言葉も書かれています。それに対して、小さい学校をそのままにすると、施設は古いまま、教員は不足、施設が不十分で地域開放はできない、と暗い未来が示されているのです。現実には、地域から学校がなくなって子どもが遠くに通うことになれば、地域と学校の関係は薄くなってしまうのに、遠くへ行っても、学校をコミュニティ・スクールにして地域に開放する施設をつくれば地域との関係は

基本方針（望ましい学習環境）に基づくシミュレーション

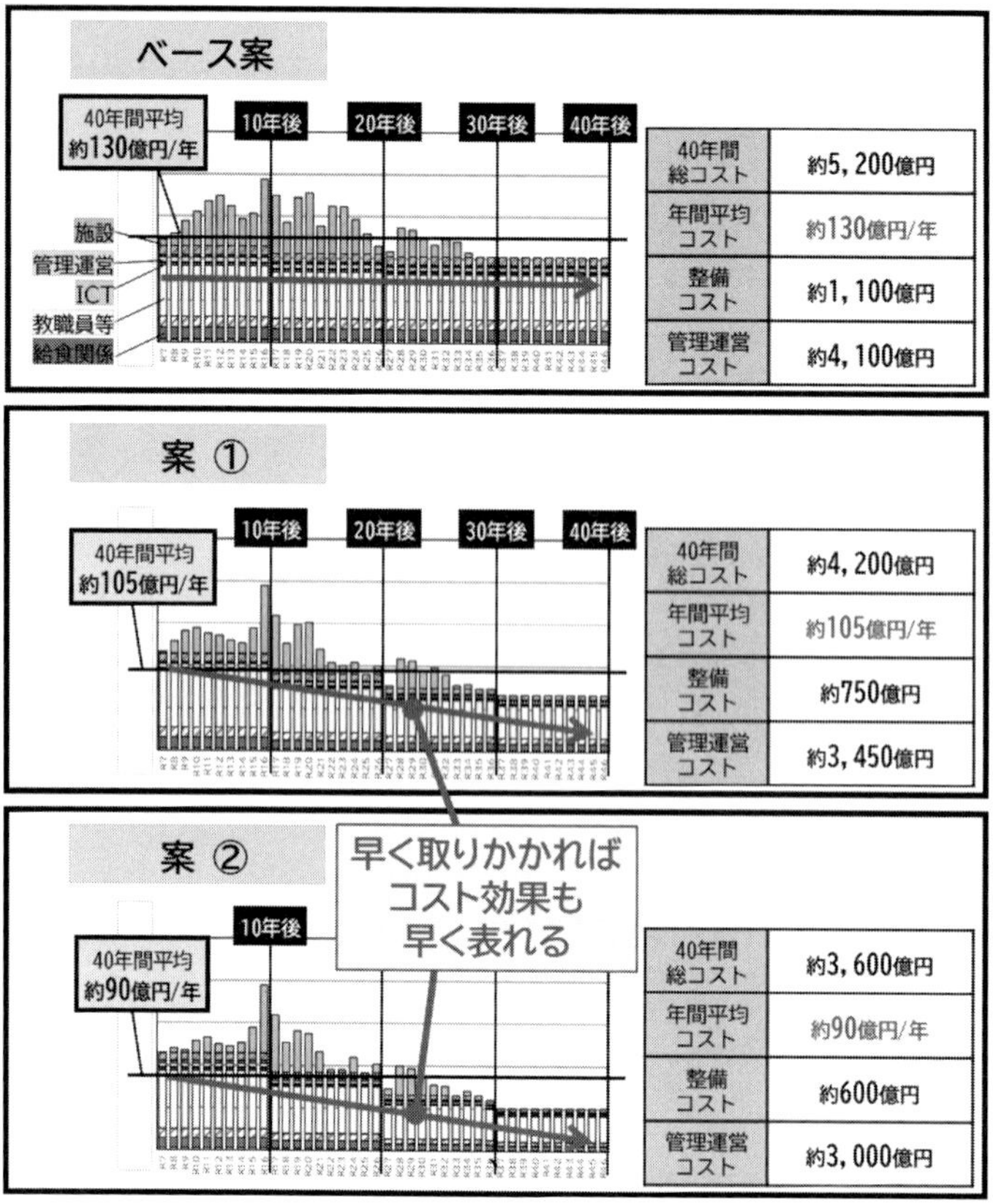

整備案とコスト計算

より良い教育環境の実現に向けた部局横断的な検討体制による学校施設に係る計画～」株式会社ファインコラボレート研究所。

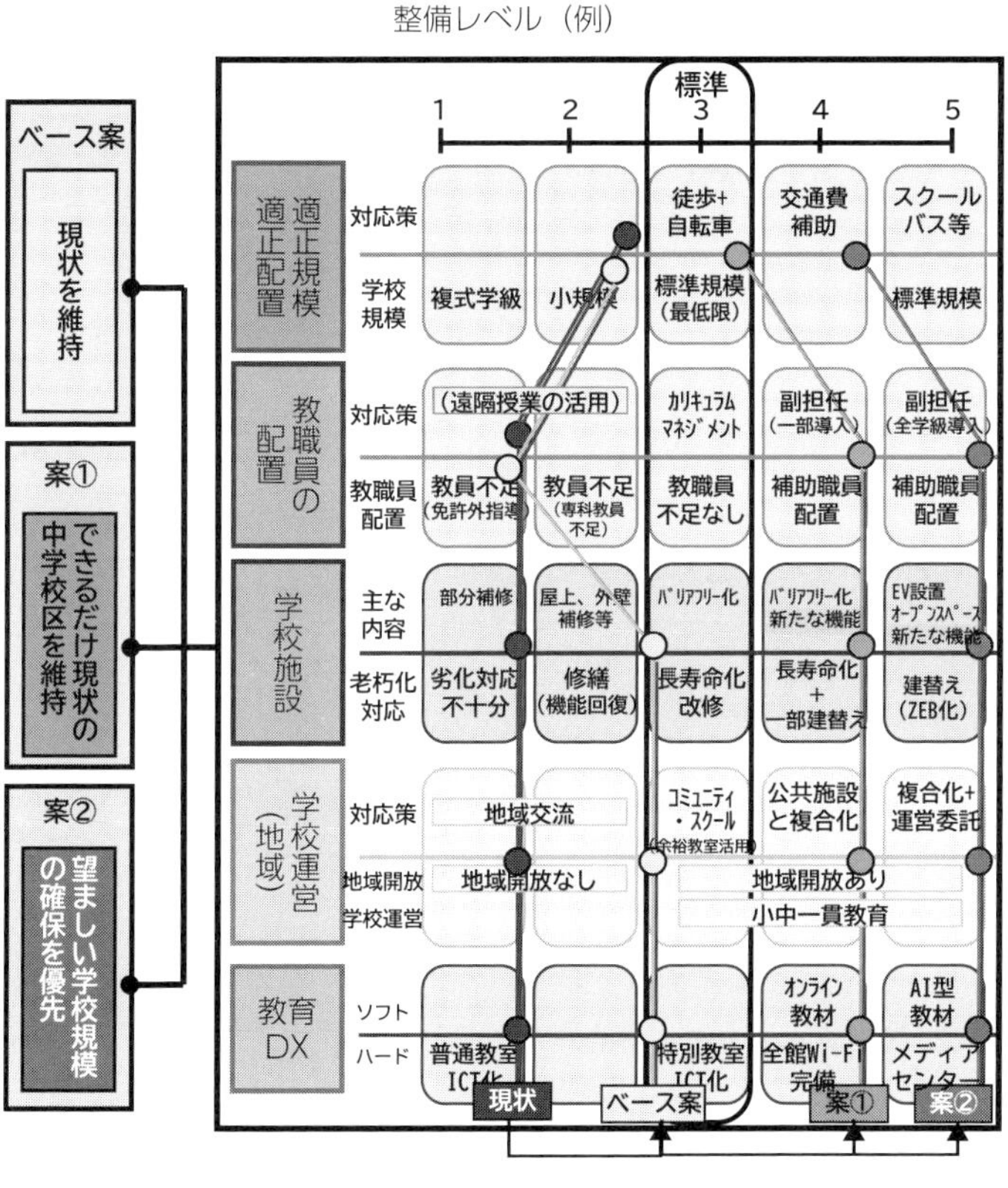

図１－４　文科省学校

出所：文部科学省初等中等教育局請負事業（2024年）「学校の適正規模・適正及び策定事例に関する調査報告書　これからの学校再生～ピンチをチャンスに

よくなる、とまるで逆のことが書かれているのです。実際に広い地域の2校の中学校と7校の小学校をまとめて作られたつくば市の秀峰筑波義務教育学校では、地域と学校の関係がどんどん薄れていき、子どもたちの気持ちがさびしくなっていったことが報告されています。

(2) 小学校区の住民自治をこわす

小学校のある地域のまとまりである「小学校区」は、地方だったら昔は1つの村であったり、都市部では町会のまとまりなどの地域コミュニティであることが多いのです。そこが、住民が自分たちのことを自分たちの手でいろいろ考えて決めていく「住民自治」の単位となってきました。例えば、小学校区に必ずおかれている公民館を「協議会」をつくって自分たちで企画を考え、運営していく市もあります。そのような「住民自治」の力が強いと、市や町は施設をつぶしたり民間に委託したりと勝手なことをすることができなくなってしまいます。また、大企業にとっては、日本全国の地域が大きなまとまりでくくられ、広い範囲で自由に経済活動を行えるようになることに大きなメリットがあります。以前言われていた「道州制」は大企業が希望していたものです。そこで、小学校区の「住民自治」をつぶして大きなまとまりで「地域」を新しく上からつくっていくために、学校統廃合は国の政策としてしばしば利用されているのです。

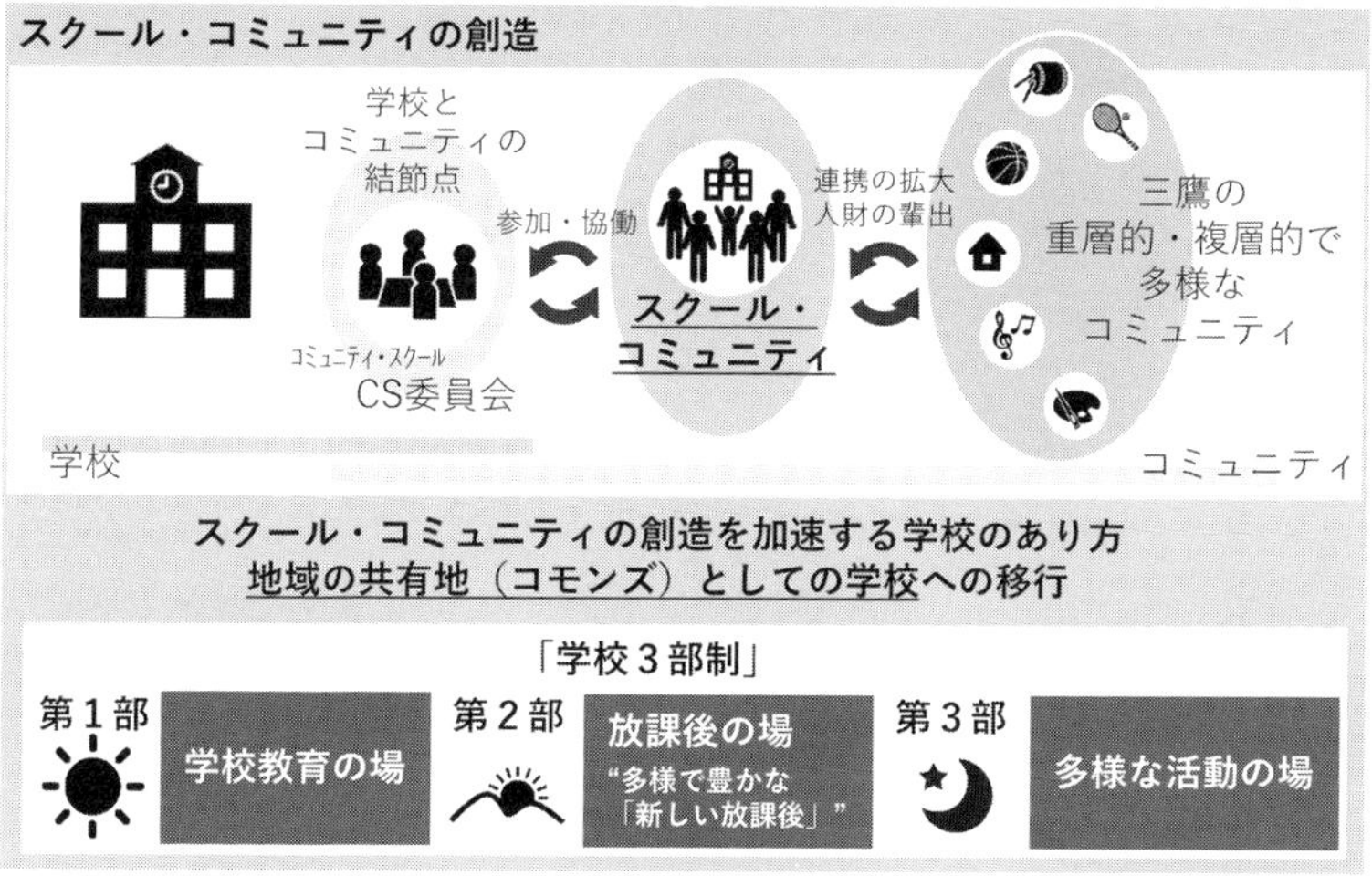

図1－5　三鷹市のスクール・コミュニテイ

出所：三鷹市ウェブサイト（https://www.city.mitaka.lg.jp/c_service/095/095617.html 最終閲覧日 2025 年 1 月 15 日）。

（3）大きな複合施設は地域の「コモンズ」になるの？

東京都三鷹市は、1つの場所にいくつかの学校や公民館、図書館などをまとめて、地域の共有地「コモンズ」をつくるのだと言っています。また地域の新しい避難拠点にしていくのだ、ということも述べています。

これまで、地域や保護者の人が学校運営に参加する学校運営協議会を立ち上げたコミュニテイ・スクールという取り組みを進めてきた三鷹市ですが、今回の進め方では広く意見を聞こうとしていません。

そのコミュニテイ・スクールを発展させてスクール・コミュニテイに発展させるというのです（図1－5）。学校の建物は、昼間は子どもの教育（1部）、放課後は地域に委託された部活動やならいごと（2部）、そして夜や休日は大人が使う（3部）という「学校3部制」を取り入れようとしています。施設の貸し出しや運営は民間が行うことが予想されます。これは内閣府が進めている、新しい「ＰＦＩ型の学校統廃合」の考え方とぴったり一致します。統合した学校の体育館やプールや教室を地域の人たちに貸し出して、サービス向上に努めるというのです。

それでは、これまで歩いていけるところにあった公民館や学校が遠くなってしまいます。また学校の中に知らない大人が入ってくることになり、子どもの安全も心配です。学校も図書館も公民館もそれぞれこれまでに比べて、せまくて中途半端な施設になってしまうことも予想されます。

まさに、これまでの地域のまとまりをこわして、新しく人工的な「地域」を上からつくっていくようなことが行われているのです。

3　小中一貫校、義務教育学校って何？

(1)　使われなくなった「中1ギャップ」

日本で小中一貫校が初めてつくられたのは、２０００年に広島県呉市で3校の小学校と1校の中学校を1つにしようとした計画でした。校舎を一緒にする理由がないので、小学校と中学校では文化が違うから急に不登校やいじめが増えるという「中1ギャップ」という言葉をつくりました。もう1つ、5年生になると急に自分に自信がなくなるということから、心理学の「発達の早期化」という理由をつけて、これまでの「6・3制」の学校から「4・3・2制」の学校に変えるのだ、という理由もつくりました。4年生と5年生では発達の段階が違うので、学校もそこで区切ろうとしたのです。でもそれは小学校と中学校を一緒にするための口実でした。子どもは小学校高学年になると、「プレ思春期」という自分をつくりかえる時期の入り口に入ってくるので、自分が客観的に見えるようになり、自信がなくなっていくのは正しい発達の姿なのです。「中1ギャップ」という言葉も2014年に国立教育政策研究所が根拠がないと指摘してから、だんだんと使われなくなっています。

そのような理由はともあれ、学校統廃合を進めたかった市や町はこの小中一貫校に飛びついて全国に広まっていきました。京都市や東京の品川区、茨城県つくば市などが、この「4・3・2制」の小中一貫校を使って、どんどん学校をまとめていきました。学校統廃合というと保護者や地域の人は反対するのですが、「すばらしい新しい小中一貫校で学力も向上する」と言えば賛成してくれたのです。でも、本当に小中一貫校の方が優れているという科学的な根拠はありませんでした。

2013年には、日本全国で100校の施設一体型校舎の小中一貫校ができました。その時点のその100校を対象としたアンケート調査で、良くなった点として「小学校と中学校の教師が一緒に協力できるようになった」ということがあげられていました。しかし課題点も、「小学校高学年がリーダーシップを発揮できない」「中1が発達の節目にならない」といった点がたくさん出ていました。小中一貫校のメリットもデメリットも、実はまだきちんと検証されているわけではないのです。

(2) 6・3制をこわす義務教育学校

2012年になって自民党が政権を取り戻し、第2次安倍内閣がスタートすると「平成の学制大改革、6・3制を見直そう」というキャンペーンを始めました。これは、いじめや不登校や学校の問題は、戦後のみんなに平等な教育を提供する6・3制の学校が古くなってしまったから起きたのだ、新しい学校をつくるのだ、というものでした。後押ししていたのは、みんなに平等な学校をつくるのではなく、一部のグローバルエリートを育てるのにお金を集中させたい大企業でした。国際競争に勝つためには、みんなにお金を使うことは無駄だと考えたのです。

そして、小中一貫校を「義務教育学校」という新しい制度にする2015年の法律の改正が、政策の1つの目玉となりました。これは、今までの小中の9年間を一人の校長先生のもと1つの学校にするというものです。品川区ですでに6校あった1校千人くらいの小中一貫校や、つくば市の子

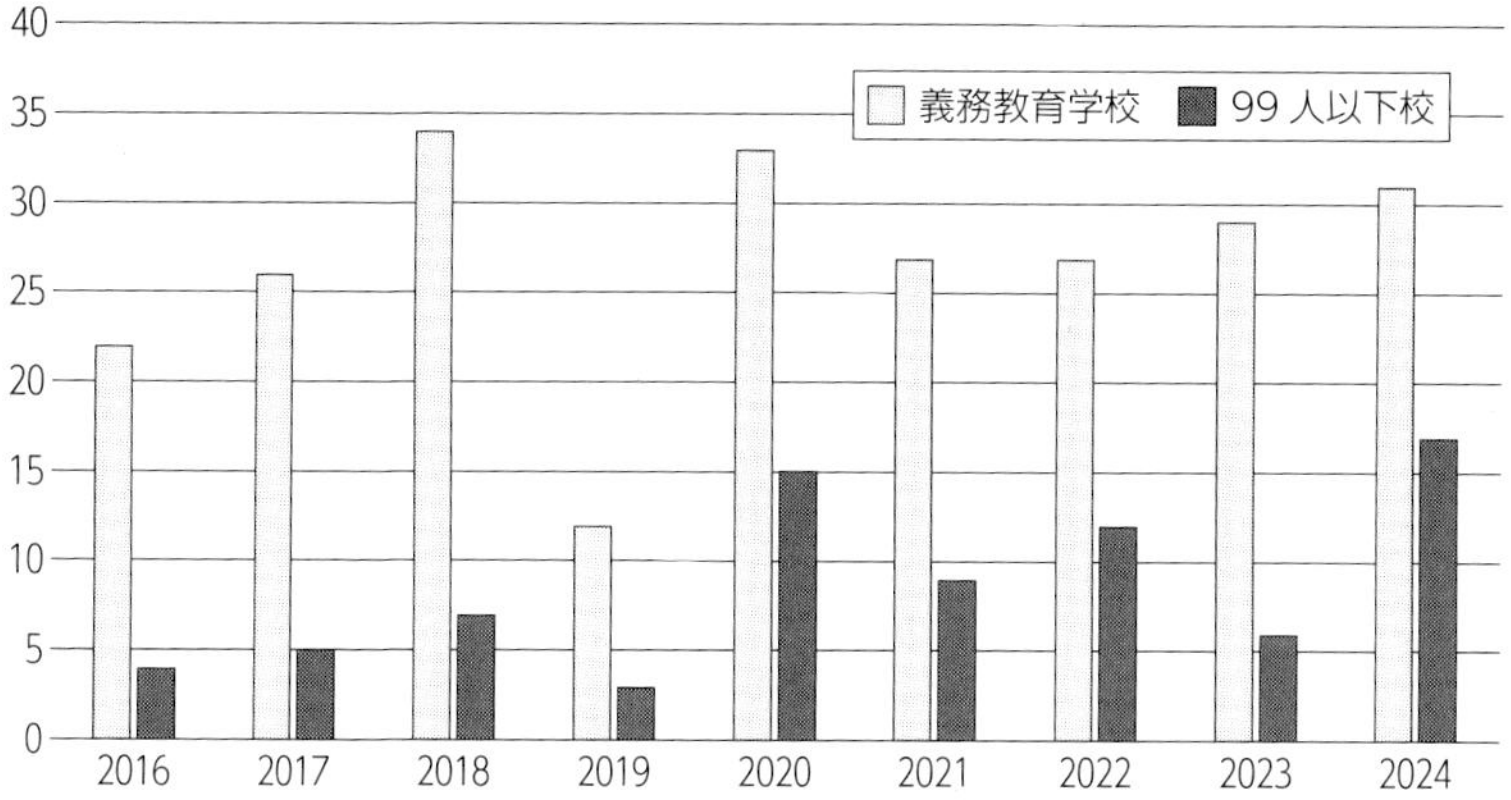

図 1－6　義務教育学校校数の推移（全校数とうち 99 名以下校数）

出所：文部科学省「学校基本調査」より筆者作成。

どもが3千人に近い小中一貫校がそのまま2016年から「義務教育学校」になっていきました。

義務教育学校は、2024年度までに全国で238校開設されました（図1－6）。品川区やつくば市などの大きな義務教育学校もありますが、2020年くらいから全校児童生徒数が100名以下の小規模校の割合が増えてきました。これは、過疎地で小さくなった小学校や中学校が他の地域の学校と統合されてなくなってしまわないように、一緒にして「義務教育学校」にして残していくことに使われるためです。特に北海道では、そんな全校数名から数十名の「義務教育学校」が増えています。「義務教育学校」の「教員」1人あたりの子どもの数は、北海道では「5・5人」と全国の「10・2人」の半分です。ちなみに、全国の小学校では「14・3人」となっており「義務教育学校」は小さな学校である場合が多いのがわかります。小中で校長1人、教師集団1つというのは、地域に学校を残すためには使いやすい制度なのです。

(3) つくば市の小中一貫校の見直し

茨城県つくば市は、つくばエクスプレスという新しい鉄道が2005年に開通したことで人口が増え、子育て家族も急増しました。そこで当時の市長は、「新設校はできるだけ施設一体型小中一貫校にする」「小さい学校は小中一貫校に統合する」「統合しない学校も中学校区ごとに『学園』として小中一貫教育を行う」という方針を決めました。

そして、2018年までに4校の、千人以上の大規模な「4・3・2制」の義務教育学校が開設されることになりました。うち3校は最大時で3千人に近い学校になりました。ところが、学校の中で子どもたちにさまざまな問題が報告されるようになりました。1年生が9クラスになり、運動会などの行事を行うのが大変なところも出てきました。

2016年、新しく当選した五十嵐立青市長が、教育社会学者の門脇厚司さんに教育長を依頼し、2017〜2018年度に全市規模の小中一貫教育の検証を行うことになりました。その結果、2018年7月に出されたつくば市教育評価懇談会による「つくば市の小中一貫教育の成果と課題―

調査報告書」では、小中一貫教育を行う施設一体型の「義務教育学校」の問題点が浮き彫りになりました。関心のある方は、つくば市のホームページにある「小中一貫教育報告書」をぜひご覧ください。

そこで行なわれた一貫校とそうでない普通の小中学校の子どもの意識を比較した大規模な調査（約4千人対象）では、子どもの意識の中でも、「意欲的活動性（決めたら必ず実行すること）」「内面共有性（自分のいろいろな気持ちを人に聞いてもらいたい）」「楽観性（困ったときによい方に考える）」「私は勉強ができる」「対教師関係」「教師からのソーシャルサポート」「友人関係」などの多くの項目で、普通の小中学校の方がよいという結果が出ました。

特に、図1－7、図1－8に見るように、「教師からのソーシャルサポート」「対教師関係」の項目では、小中一貫校の6年生で極端に悪い結果が出ました。その学校の保護者にヒアリング調査をすると「一貫校で問題を起こすのはなぜかいつも6年生、よそに進学する子はカリカリしているし、そのまま上に上がる子はぼーっとしている」といった声が聞かれました。心配していた6年生のリーダーシップが発揮できていないことが現実になっていました。他にも、小中が同じ施設にいることで、小学校から中学校への「期待」の気持ちがうまく育たず、「楽しみにしていたより楽しくない」「心配していたことが起きている」など、否定的な面が多かったのです。それらをまとめて、小

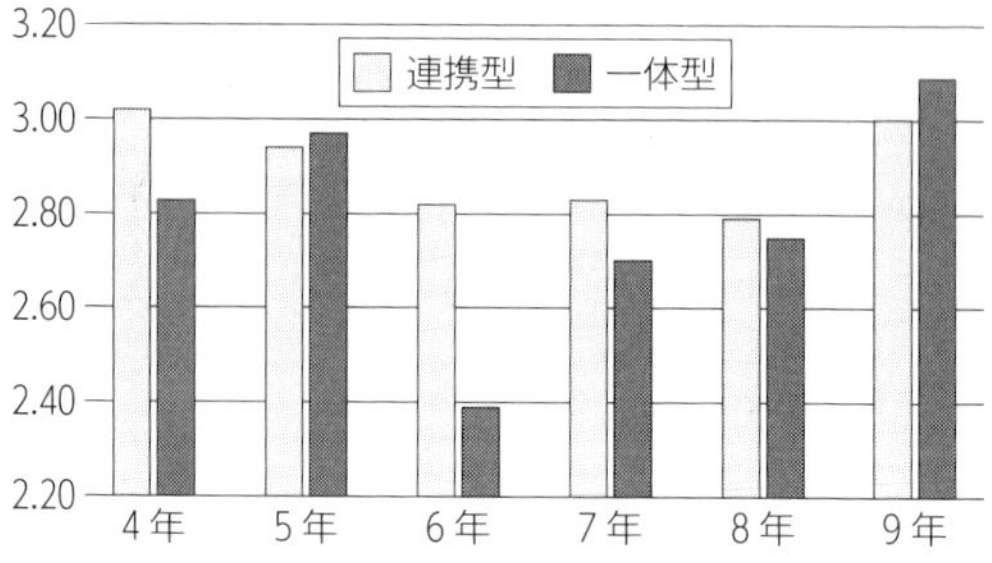

図1－7　教師からのソーシャルサポート

出所：つくば市教育評価懇談会「つくば市の小中一貫教育の成果と課題　調査報告書」2018年7月より筆者作成。

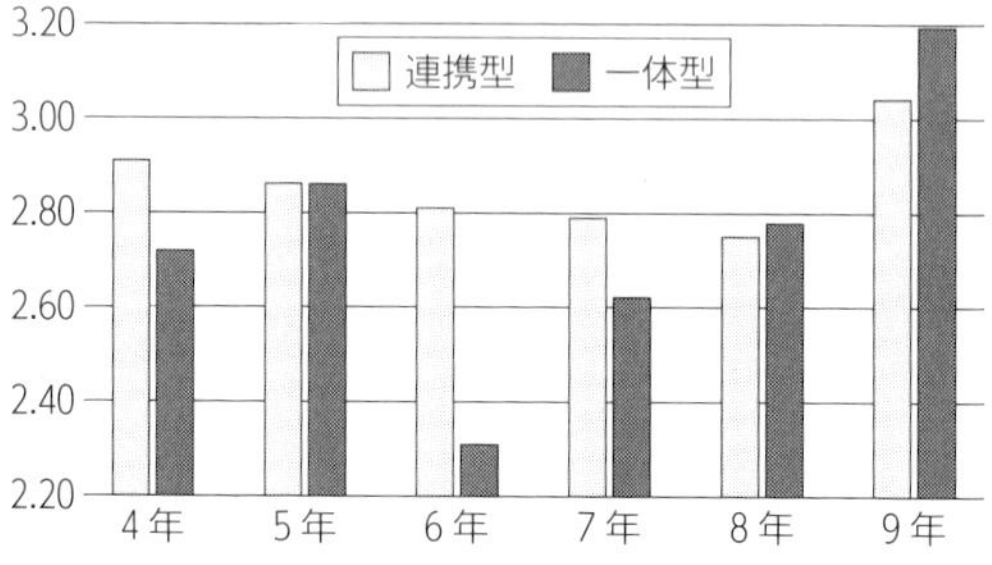

図1－8　対教師関係

出所：図1－7に同じ。

中一貫校の「6年生問題」と呼ぶようになりました。

それらの結果から、つくば市では、将来的に建設する学校は小中一貫の義務教育学校ではなく普通の小学校、中学校にすること、今までの「4・3・2制」から「6・3制」に戻すことなど、方針転換が決定されました。しかしすでに開校してしまった大きな義務教育学校はそのままになったために、市の児童生徒数がさらに急増する中、不登校率の上昇など問題が起きています。2023年に文科省が報告した2022年度の全国都道府県の不登校率比較では、茨城県が初めてトップになりました。その数字を押し上げていたのがつくば市であったことが報告されています。

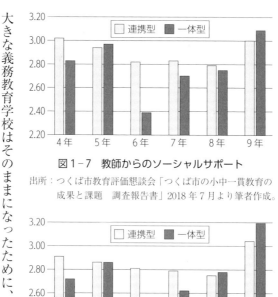

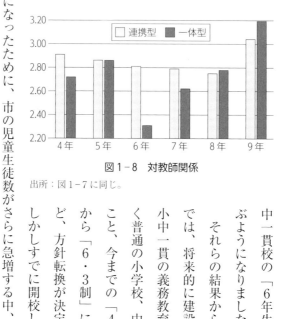

4　子どもにとってのダメージ、子どもにとって学校がなくなるということは

（1）学校統廃合は子どもにリスクが

学校統廃合は、子どもたちにどのような影響を与えるのでしょうか。昔から学校統廃合を行ってきた多くの市や町では、必ず統合するすべての学校を廃校にして「対等・平等」に行うことがルールとされてきました。それは、小さい方の学校を「吸収・合併」すると、みんなが一から学校をつくっていく気持ちにならない、そうすると小さい方の学校から来た子どもたちが傷ついてしまい、うまくいかないことがわかっているからです。だから、校名も校章も校歌も制服も歴史もすべて新しくするのが、「教育条理」に合ったやり方なのです。強引に学校統廃合を行うと地域にもよくない感情がずっと残り、子どもたちの成長・発達にも影響が出てきます。

東京都東久留米市で、２００４年に行われた小さな小学校の2校への「分割」統合では、前の学校の教師たちがついていかなかった方の学校で、「荒れ」が起こり多くの子どもたちが傷つきました。高学年では学級崩壊が、低学年では「学校への行きしぶり」が起きたのです。同じ公立学校でも特

色や文化が異なりますし、教育内容や方法も違ってきます。子どもたちは事前に十分な教育内容や方法のすり合わせもないままに、大きな学校に移され、その違いに混乱や不安を感じてもそこに相談できるような教師たちがいなかったのです。そして孤立感や無力感の中で、幅広い意味での「心的外傷」を負い荒れていったのです。大人の都合で見知らぬ学校に放り込まれた子どもたちの、必死の「意見表明」とも言えるのではないでしょうか。

高知県土佐清水市で2013年に4校の中学校を強引に統合したところ、学校の中がめちゃめちゃになるくらいの「荒れ」が起きました。その事実を、教職員組合の教師が次の統合計画が起きた四万十市の保護者に伝えました。それによって小さな中学校を守ることに確信を持てた保護者たちは、力強く反対運動をしていくことになりました。

大阪府大東市では2013年2月に、3校が統合される予定だったうちの小さい学校の5年生が、統廃合を止めたい、と遺書を残して鉄道自殺する痛ましい事件が起きました。その学校の5年生は25名で、子ども同士で統合校へ行きたいか確認し合った結果全員反対だったことから、そのような事態につながったことが報告されています。子どもにとって、自分にとって大事な場所である学校がなくなるかもしれないことは心に痛みを伴うことを、大人は十分に理解する必要があります。

先ほどの東久留米市の統合した小学校では、4年生だけは「荒れ」や「学校への行きしぶり」が見られなかった学年でした。統合後のアンケートで4年生だけが、統合して「悲しかったこと」、「困ったこと」など素直な気持ちをたくさん書いていました。荒れてしまった5～6年生は「統合して学校がきれいになった」「友達が増えた」と同じ回答ばかりが目立ち、「もう本音が言えない状態になっているのではないか」と臨床教育学者の先生は分析していました。

どうして4年生だけが本当のことを言えて「荒れ」なかったのか。調べたら、統合前の小学校で4年生の親たちだけが共同して統合に反対運動をしていたことがわかりました。だから親たちが子どもたちの悲しい気持ちに寄り添うこともでき、子どもたちも正直に思いを話すことができたのでしょう。このように、学校統廃合は子どもにとってリスクのあることですが、大人が寄り添うことで乗り越えることができるし、乗り越えることで子どもたちは成長していくこともできるのです。

（2）子どもの意見の反映を

２０２２年に制定されたこども基本法では、「子どもの最善の利益」を実現するために、国や地方公共団体に「こども施策の策定、実施、評価に当たっては、その対象となるこども等の意見を反映させるために、必要な措置を講ずる」ことが義務付けられました。ただ、子どもの意見表明をすべてそのまま聞くわけではなく、市や町はこれまでの施策と子どもの意見を両方比較して、「子どもの最善の利益」を実現するためにどちらがよいのか考えなければならないのです。もし子どもの声が聴けない場合でも、その「理由」を意見を出した子どもたちにフィードバックしなければならないとしています。そうでないと子どもは意見を出すことが無力であること、意味がないことを学んでしまうからです。

いま、全国で学校統廃合に当事者として子どもたちが声をあげ始めています。大きな子どもたちは直接、教育行政や市長に訴えることもできるし、請願や陳情をすることもできます。小さな子どもたちには、代理人などを通してその意見を聴く方法も「こども家庭庁Q＆A」（本書資料編に掲載）にくわしくあげられています。

学校に関係するすべての関係者が意見を持ち寄り、子どもの成長・発達にとってどんな学校のあり方が望ましいのか、地域コミュニティにとってどんな学校が求められるのか、あるいは避難拠点としてどんな場所になるのが望ましいのか、合意形成をしていくことこそが求められているのでしょう。

PART 2

学校統廃合、保護者や市民はどう取り組めばよいのか

はじめに

子どもの通っている学校が統合再編される、こんな急な動きに直面して、どうして、どうすればいいのか、うちの子は大丈夫なのかと心配される方がたくさんいます。

教育委員会の説明会に行っても、市の都合ばかり聞かされて納得できない。子どもの担任教師に相談してもすっきりしないし、校長先生に相談しても教育委員会のやることだからと言われてしまう。

なぜ、こんなことになるのか、どうすればよいのか、一人でできることはあるのか。

こんな思いをもった人がたくさんいます。保護者当事者だけではなく、地域の人や教育関係者がどのように立ち向かっていけばよいのか、一緒に考えていきたいと思います。

なぜ学校統廃合が行われるのか、その背景と政府のねらいと問題点、全国的な動き、自治体の動向については第1章を読んでください。

1　教育委員会の説明には納得できない

教育委員会の説明会に参加しても納得できない、もやもや感がのこるのはなぜでしょうか。それは学校統廃合が、子どもや保護者当事者から出た要望ではなく、教育委員会が外部から持ち込むことが多いからです。

（1）子どもの教育を受ける権利の保障の欠如

本来、学校施設は子どもの教育を受ける権利を保障するために、全国どこでも平等な公教育サービスを提供する場として位置づけられてきました。

1950年代以降、学校統廃合をめぐっては、学校統廃合による通学条件の悪化が子どもの教育権を侵害することが主要な論点とされてきました。

学校統廃合は、大人の生活や地域の存続にとっても大きな影響を与える施策です。単に財政的な理由で学校を廃止し、一部の子どもにだけ不当に通学距離を延ばすなど教育条件を低下させることはあってはならないし、教育的な根拠のもとに関係者の合意形成を経て行われなければなりません。

文科省も「手引き」（文部科学省「公立小学校・中学校の適正規模・適正配置等に関する手引き（平成27年1月27日）」）等で、統廃合における地域の合意形成の重要性について強調しています。

（2）学校統廃合には合意形成が必要なのに

教育委員会が各層（保護者、地域住民、教育関係者、公募委員などを含む）から構成される審議会、学校のあり方委員会、検討委員会などに適正配置・適正規模等について諮問し、1～2年間に及ぶ審議を経た答申を受けて、初めて計画策定をするといった手続きがこれまで全国で慣習化していました。

しかし、あり方検討委員会などが非公開になったり、住民代表が地域から公正に参加していないなど、非民主的な構成と運営になっているところも多くなっています。

教育委員会は答申を受けた後、保護者説明会や地域説明会を経て、ていねいな合意形成を行っていくことが求められています。

教育委員会説明会も、決まったことの報告になっていて、市民の意見を聞くものになっていないので、合意形成が形骸化される事例も多くでています。

特に公共施設等総合管理計画を背景にした場合や、ＰＦＩ*など民営化路線のもとで、地域の合意形成を無視した、教育条理をかなぐり捨てた学校統廃合が行われるようになっています。

市民が参加しない審議会を教育委員会が設置し、多くの市民が知らない間に、短期間でその自治体全体の小学校、中学校の再編計画を一気につくりあげる例も生まれています。

(3) 小規模教育の選択肢を排除する不公正な情報提供

教育委員会の統廃合計画について、合意形成の必要性を否定しないが、検討会議の非民主的運営が行われ、非公開とする場合も多くなっています。統廃合ありきの検討を進めるため、地域や保護者の参加者に少人数教育の良さが公正に情報提供されず、保護者、地域の納得にもとづく合意形成が行われていない事例が増えています。

兵庫県丹波市では「複式学級になるから統廃合が必要」と根拠のない理由で、保護者への不安を

> **ＰＦＩ（Private Finance Initiative：プライベート・ファイナンス・イニシアティブ）**
>
> 公共施設の整備などを民間資金をつかって行うこと。資金提供した民間企業の利益を確保するため、自治体が直接資金調達する事業にくらべてコストが高い場合もある。整備した施設を資金提供した企業が指定管理で運営する民営化となる場合、公共施設の民営化の問題点もでてくる。

あおり、学校統廃合が保護者の希望であるかのようなよそおい作りが行われています。

(4) はじめて聞く「小中一貫教育」「義務教育学校」という言葉

２００５年の中央教育審議会答申「新しい時代の義務教育を創造する」の中で公式に9年制の義務教育学校、小中一貫校育が初めて登場し、２０１５年の学校教育法改定で義務教育学校が法制化され、学校統廃合と一体で具体化されました。

「小中一貫教育」「義務教育学校」などの新しい制度が、学校統廃合を進めるためのツールとして利用されているのです。

説明会に参加した保護者や地域の人が、とまどうのがこの聞き慣れない新しい制度です。

新しい学校制度で、「中1ギャップの解消」とか「切磋琢磨」「確かな学力」ができるというのも、学校統廃合を進めるための後付けのもので、実際には教育的根拠はなく、むしろ弊害のほうが大きいのです（「もうやめよう小中一貫・学校統廃合Q＆A*」大阪教育文化センター　学校統廃合・小中一貫教育研究会を参考にしてください）。

新しい制度をつくってごまかしていますが、ねらいは政府財界の成長戦略と国際競争力確保のための効率的人材育成政策を進めるためです。大軍拡予算が編成され、その財源確保のために教育予算削減が行われ、教員定数削減を進め、少人数教育を圧縮しています。

2　学校統廃合に直面したときにどうすればよいのか

(1) 各段階に対応する的確な取り組み

学校統廃合には、文科省ルーツの攻撃（適正配置、適正規模など）と総務省ルーツの攻撃（公共施設総合管理計画など）がありますが、それに対応する的確な対応が求められています。

文科省ルーツの攻撃は教育委員会を通じて行われますが、①適正規模適正配置計画による学校のあり方計画を作成する、②統廃合対象校と地域で各種の検討委員会が設置される、③教育委員会が統廃合計画をだす、④統廃合準備会が設置される、という手順で進行する場合が多いようです。

大阪教育文化センター
小中一貫・学校統廃合パンフレット
https://osaka-kyoubun.org/archives/5373

①適正規模適正配置計画に対して

学校のあり方を検討すると予算がつくと、多くの場合コンサル業者に委託して自治体版の適正規模適正配置計画がつくられます。

この背景には文科省が適正規模適正配置計画の手引きを出したことが影響していますが、文科省の手引きはあくまでガイドラインであり、小学校で12学級、中学校で6学級は規範的な法的基準ではありません。あくまでも各自治体で自主的に決めることができるのです。

文科省「手引き」は、地域の事情によっては少人数教育を選択することも可能で、その場合には少人数教育のための環境整備、条件づくりを行うことを求めています。

また、学校統廃合を行う場合には、保護者、地域に与える影響が大きいことを考慮して、その理解と納得を得て行う合意形成が必要だとしています。その合意形成の前提として、少人数教育の選択が可能であり、公正に情報提供する義務が教育委員会にはあります。

また、複式学級になると自動的に学校統廃合の検討を進めるという規定を適正規模適正配置計画に入れる自治体もありますが、これを許してはなりません。

人口減少を理由に公共施設の更新に応じて複合化を図って、施設数と面積削減を進める公共施設等総合管理計画や、コンパクトシティにするという考え方から立地適正化計画にもとづいて、政府による財政誘導にもとづいて学校統廃合を計画する動きもでています。

高槻市では中学校単位に義務教育学校を一気に再編するという計画づくりが、教育委員会が設置した審議会で進められています。これには市民の参加が保障されておらず、教育行政の専門家も参加していないもので、上からの押し付け計画となっています。民主的な合意形成が行われていないため、個別の学校統廃合計画に落とし込んでいく段階で住民、保護者や地域との激しい矛盾が起きます。

こうした自治体単位で地域の合意形成なしに学校統廃合計画をつくる動きに対しては、その計画内容とともに合意形成過程無視の問題点を追及すべきです。各学校の個別計画に対しては、保護者、住民、教育関係者による「〇〇学校を守る」取り組みで対抗していく必要があります。

②検討委員会に対して

教育委員会の統廃合計画について、議論する検討会議のメンバーが公正に選ばれず、会議が非民主的な運営で、非公開とする場合も多いので注意が必要です。

統廃合ありきの検討を進めるため、地域や保護者の参加者に、少人数教育の良さが公正に情報提供されず、保護者、地域の納得にもとづく合意形成になっていない場合もあります。

複式学級になるから統廃合が必要と根拠のない説明を行い、保護者への不安あおっている自治体もあります。

③教育委員会に対して

教育委員会は、学校統廃合はあくまで、少子化、児童、生徒数の減少にともなう子どものための教育環境整備が必要で、「切磋琢磨」できる児童数、生徒数の確保、「確かな学力」確保のためなどと言っていますが、その教育的根拠は不明です。

大阪府のある自治体では小中一貫教育で学力が5％向上したとしていますが、これは学力テストの正答率の平均の比較で、正答率20％以下の子どもの割合やばらつきを示す標準偏差は公表せず、児童数、生徒数を増加させたことで競争関係が持ち込まれて、ついていけない子どもが増えたり、格差が広がっていないかの正確な情報は明らかにされていません。

大阪府寝屋川市の教育委員会は小中一貫教育を進めた結果、全国学力テストの平均正答率が小学校6年生で0・05、中学3年生で0・04上がったことを過大評価していますが、正答率分布のばらつきや正答率以外の評価は示していません。

兵庫県丹波市では、学校統廃合の課題として、子どもの個別対応が必要としていますが、そのための教師増員には触れていません。

統廃合の結果、スクールバスでの遠距離通学は子どもへの負担が指摘されていますが、下校時刻はバス運行に拘束され、せっかく配置したスクールカウンセラーに子どもが相談できない例も生まれています。

スクールバスの負担、通学時間の拘束による負担、全く違う地域の子どもたちの集団に入ることの不安が、子どもの不登校の引き金になっていないかという保護者の相談も増えています。

●問われる教育委員会の役割

危険な大阪・関西万博へ学校行事での子どもの参加をやめての請願が、２０２４年夏に各自治体の教育委員会にむけていっせいに取り組まれました。

教育行政法第21条9号（教育委員会の権限）は、「校長、教員、その他の教育関係職員並びに生徒、児童及び幼児の保健、安全、厚生及び福利に関すること」としていますが、教育委員会によれば公開での請願審議を行わない、採択決議を行わないなどの対応が行われ、万博参加を校長判断に責任転嫁する事態が生まれました。

学校統廃合方針を、市長が座長になる教育会議で決定することも行われています。

学校統廃合という教育の根幹構造に関わることを誰が責任を持って決めるのかが問われています。

④統合準備会に対して

検討委員会などで統廃合の答申が出されると、教育委員会が統廃合方針を決定し、対象校と地域で統合準備委員会が設置されます。

統廃合を前提とした準備会で、校名や校歌などが議論されることが多いようです。

しかし、実際に統合準備で議論すると、予測できなかった問題も多く出るので、その場合には前提となっている統合計画そのものの見直しを行うという条件をつける必要があります。

統合ありきで議論するために、充分な時間をとらず拙速に進められる場合もあることから、委員として参加するだけでなく、多くの住民が傍聴を行う必要があります。

また、子どもにあたえる心理的影響を充分考慮して、カウンセラーの配置や子どもと保護者に対する相談とケア体制を確立させる必要があります。

（2）市長、市議会に対して

公共施設等総合管理計画、あるいはＰＦＩなど民営化路線のもとで、地域の合意形成を無視した、学校統廃合が行われるようになっています。

本来は教育委員会が自律的に決めるべき学校再編が、教育会議などの名前で座長になった首長が主導して決めるケースも生まれています。

こうした場合には、市議会がしっかりとしたチェック機能を果たす必要があります。

憲法と地方自治法は、市民の政治参加の方法として、請願やさまざまな直接請求権を保障しています（本書資料編参照）。

一方的に学校統廃合にともなう校区変更を行なった場合には、当事者として保護者は不服審査請求ができます。

合意形成が「検討委員会」などで公正で民主的に行われていない場合には、その検討委員会の会議費支出の不当性について住民監査請求（地方自治法第２４２条）を行なって返還を求めることも検討する必要があります。

検討委員会が非公開で行われている場合は、会議録を公文書公開請求することができ、開示できないと回答した場合は審査請求もできます。

学校統廃合計画が確かな情報提供と民主的な合意形成なく進められた場合には、その不当性について有権者の50分の1以上の署名で事務監査請求（地方自治法第75条）を行うことができます。

有権者の50分の1以上の署名で、学校のあり方は住民投票で決めるべきと、住民投票条例の制定を求める直接請求（地方自治法第74条）もできます。

憲法で保障された請願権（憲法第16条）は、誰でも一人でも行使でき、市議会、教育委員会などあらゆる行政機関に提出することができます。

学校統廃合の計画策定から実施に至る過程は多くの場合、学校のあり方検討のための予算可決、適正配置適正規模計画の作成、検討委員会設置が行われ、定例教育委員会で校名決定、校区決定が行われ、最後に市議会で学校設置廃止条例が議決されます。

こうした、各段階に対応する市民運動を効果的に配置していく必要があります。

地方によれば、教育目的とはいいがたい、学校施設建設にともなう利権など別の動機で学校統廃合の問題がおきているところもあります。どこでだれが決めたのか分からない、検討委員会は設置されるが運営が不透明だったり、政治家や地域の実力者が動くなど、あまりに結論ありきで強引な進め方の場合には、当該学校統廃合は誰のための利益で動いているのか調査する必要があります。

政府による財政優遇措置を理由に統廃合する自治体もありますが、本当に財政的に有利なのか10年程度の長期財政計画をださせて検討する必要がります。

財政的優位でも、学校統廃合による教育内容の後退、不登校児童生徒の増加や人口減少に拍車をかけることで地域にマイナス影響をあたえないかの総合的検証を求める必要もあります。

●事務監査請求

岐阜県恵那市では、恵那南地区で大規模な中学校統廃合計画が進められていますが、その手法が市民不在で合意形成が民主的に行われていないことや、遠距離の通学をスクールバスで行う計画になっているが、冬季の凍結危険箇所の通行の安全確保ができていないこと、再編先中学校用地が土砂災害特別警戒区域に指定されているのに、災害防止や教師と生徒の安全確保計画が不十分であることなどで、この学校統廃合計画作成過程が不適切であるとして事務監査請求が行われました。

高知県四万十市では、京都育英館による看護大学誘致のために下田中学校が休校になりましたが、文科省が開学を認可しませんでした。

ところが、文科省認可を確認せず四万十市が学校法人に交付した補助金について、市は返還請求せず公金支出の責任も不問にしようとしています。そこで、これに対して市民が事務監査請求の取り組みを進めています。

●学校統廃合はだれが決めるのか

保護者、地域、教育関係者が学校統廃合に対抗していくために、学校統廃合はだれが決めるのか、どのような過程を経て行われるのかを把握して的確に対応していくことが求められます。

学校統廃合を決めるのは学校設置義務者である教育委員会です。その教育委員会の責任を明確にした取り組みが必要です。

同時に首長が主宰する教育会議で学校統廃合計画を決める事例もありますので、首長にむけた要求と運動も必要です。

市議会は、行政から独立した教育委員会には関与しないのが原則ですが、最終的に学校設置条例、廃止条例の可決を行うのは議会ですから、市議会にむけた取り組みも重要です。

また、首長が主宰する教育会議が学校統廃合計画を決める場合には、当然に首長を質すのは市議会の役割になります。

この場合は市議会へ請願ができます。

(3) 文科省、政府に対して

自治体レベルや地域では一方的な統廃合や合意形成の形骸化が行われる事例が多くでています。こうした場合には、文科省に実態調査と見解表明を求めることができます。国会議員の仲介で、文科省担当と直接オンラインでやりとりする取り組みが各地でとりくまれ、この結果を地域の取り組みや市議会で活用することができます。

この場合、文科省手引きを根拠に、合意形成の必要性や地域の特性にもとづいて少人数教育の選択肢があることの確認を行うことが有効です。

学校設置は自治体の自治事務であり、文科省や政府が介入できません。しかし、文科省のさだめる手引きが適正に運用されているのか、調査や助言を求めることはできます。

文科省は適正配置適正規模の手引き（学校統廃合手引き）で、学校統廃合を決めるために地域の理解と合意が必要としていますが、ほぼ同じキーワードが環境省のごみ有料化の手引き、厚労省の公立病院改革ガイドラインでもでてきます。

公共施設の設置義務者や当該自治体行政の実施責任者が自治体の場合、民営化を含むそのあり方を「改革」する実施責任と説明責任、応答義務が自治体にあるのです。

その考え方は、新自由主義的自己責任論にもとづいていますが、主権者としての市民が積極的に関与し、自治体責任を明確にしていく取り組みとしての市民運動を対置していく必要があるのは当然です。

（4）子どもの意見表明権

日本も批准した子どもの権利条約の第12条では子どもの意見表明権が保障されていて、国内法の子ども基本法では第11条で、子どもの意見表明権が保障され、子ども家庭庁は医療、福祉、教育な

高知県四万十市のこども署名活動

どにかかわる子ども施策については、子どもの意見表明を求める必要性があることをQ＆Aで出しています。

自治体では、子ども参加条例の制定が進んでいます。しかし、条例では子どもの権利条約が求める、子どもの権利主体としての確立があいまいで規範条例になっている場合もあり、条例作成過程に市民が参加し、これを改善するとともに、学校統廃合に対峙する市民運動としてさまざまに活用していく取り組みが必要です。

ドイツでは、校則の制定や学校行事、学校再編に子ども代表が参加する学校会議が、学校単位、地区単位、州単位で設置されています。こうした海外の事例調査研究も必要です。

高知県四万十市では、子どもが手作りした「子ども署名」を集め、市議会に「子ども請願」を出し、南海トラフ浸水危険地域にある小学校の高台移転をもとめる請願が趣旨採択されています。

各地で学校統廃合計画を作成するにあたり、子どもの意見表明権を保障させる取り組みが始まっています。

3　どこから始めるのか

(1) 保護者のネットワークをつくる

一方的な学校統廃合を止めるためには、保護者と地域の共同した取り組みが必要です。保護者が立ち上がった兵庫県川西市や高知県四万十市の経験では、保護者の問題意識はまず自分の子どもへの心配が出発点になっています。

無理な統廃合で、全く知らない地域の子ども集団に馴染めるのか、統廃合を苦にした子どもの自死という事例（２０１３年大阪府大東市）も保護者を大きな不安に陥れています。

ところが、担任に相談しても、校長に相談してもまともに取り合ってくれないとの声も出されています。

そんな保護者に寄り添い、まず悩み、心配を聞いてあげることが大事です。その中で、一方的な統廃合には無理があり、頑張れば止めることができるとの展望が、勇気を与え、主権者として立ち上がる条件をつくります。

若い保護者と地域との連帯も世代を超える工夫が必要です。

学校がなくなれば地域が衰退することを心配する、地域の保守層との共同も大事です。

各地で保護者、地域、保守層の多重的な共同が広がっています。

●川西市

兵庫県川西市では、児童数の減少を理由に小中一貫教育のメリットを打ち出し、緑台小学校、陽明小学校、清和台小学校、清和台南小学校の4つの小学校を二つに統合すると川西市教育委員会が方針を出しましたが、地域の未来のためにも小学校が必要だと保護者と住民ががんばり2016年6月に統廃合案を凍結撤回させました。

4つの小学校のなかで緑台小学校を守る会が保護者を中心に結成され、地域に手づくりポスターの張り出し、子どもの声の掲載されたニュースの発行、教育委員会への直接要請行動、教育委員会の説明会では子どもも参加して意見表明を行うなどの活動を行い、学校統配合計画を白紙撤回させました。

緑台小学校を守る会の申し合せ事項は次のように、みんなが主人公、みんなで行動するとしています。

●緑台小学校を守る会申し合わせ

緑台小学校を守る取り組みを行う市民グループです。
どなたでも参加できます。匿名希望も厳守します。
どんな取り組みをするのか、みんなでアイデアを持ち寄って考えます。
全員が対等平等で民主的に運営します。
緑台小学校を守るという点で一致できるさまざまな取り組みと連携していきます。

入会申し込み　こんなことができます
ひとつでもご協力いただけることがあればチェックしてください。
□　守る会のチラシなど読みます　□　近所にチラシなど配布できます
□　自宅にステッカーなど掲示できます
□　お知らせをメールで受け取ります　□　ともだち　知り合いに拡散できます
□　守る会の集いなどに参加できます
□　駅前やスーパー前でのスタンディングなどに参加できます

(2) 地域で教育を守る会を

学校統廃合の直接の当事者は子どもと保護者ですが、学校はコミュニティの核になっているので、地域住民も関係します。

教育の専門家である教師や教師経験者が地域で教育を守る会を結成し、保護者とも連携して学校統廃合に対応していく取り組みが広がっています。

行政当局や教育委員会へ要望書を出したり、さまざまな請願書の作成、学校統廃合計画の内容分析と対案提示などで、自治体労働者や労働組合、自治体問題研究所、地方議員の協力がえられるとさらに強力になります。

(3) 地域の多数派形成

文科省が手引きで「学校統廃合には地域の合意形成が必要」と指摘していることを最大限に活用する必要性があります。

合意形成には、保護者、地域住民が民主的に意思表示すること、その前提として少人数教育の優位性も公正に情報提供されている必要があります。

教育委員会が、合意形成のための検討委員会を設置しながら、非公開にしたり、市民が自由に意見表明できなかったり、公正な情報提供が行われていない場合は、それを是正させる必要があります。

地域の合意形成を校区の連合自治会の決定で偽装するなどの非民主的な構成と運営が行われる場合には厳しく批判する必要があります。

市民の意思表示の手段としては、校区の過半数の署名を集めることが効果的です。

●丹波市竹田小学校を守る署名活動

竹田小学校を守る会が、校区内の３人の自治会長、３人の区長や校医さんなど地域の有力者や卒業生たちが呼びかけ人になって結成され、存続を求める署名が取り組まれました。

これを支援したのが守る会です。３回にわたり署名用紙を各戸に配布し、数日後に回収にまわる行動が行われました。コミュニティセンターにも回収箱を置いてもらいました。

署名は５２６筆集まり、２０２１年6月14日に市長、教育長に提出され、地元新聞でも報道されました。その結果、竹田小学校は残すことになりました。

岐阜県恵那市の岩邑中学校を残す会

（4）学校統廃合で先行した地域での検証を行う

兵庫県丹波市青垣町では5つの小学校が1校に統合されました。その結果、丹波市全体の人口減少の割合を大きく超える著しい人口減少が進んでいます。

市教育委員会は決して認めませんが、学校統廃合が地域の衰退を招いたのです。

不登校の実態は明らかにされていません。しかし、スクールカウンセラー相談件数が大幅に減っています。スクールバスの運行時刻に規定され、子どもが相談できる時間が確保できないのではないかと推測されます。学力テストの結果は平均正答率だけで、分散（標準偏差）は公表されていません。

岐阜県恵那市では、名古屋市より広い恵那《えな》南地区での中学校統廃合計画が進められていますが、遠距離の山道スクールバス通学で、自動車に酔う生徒への負担や、冬場の凍結で通学の安全が確保できるのか、市民が事務監査請求を行なっています。

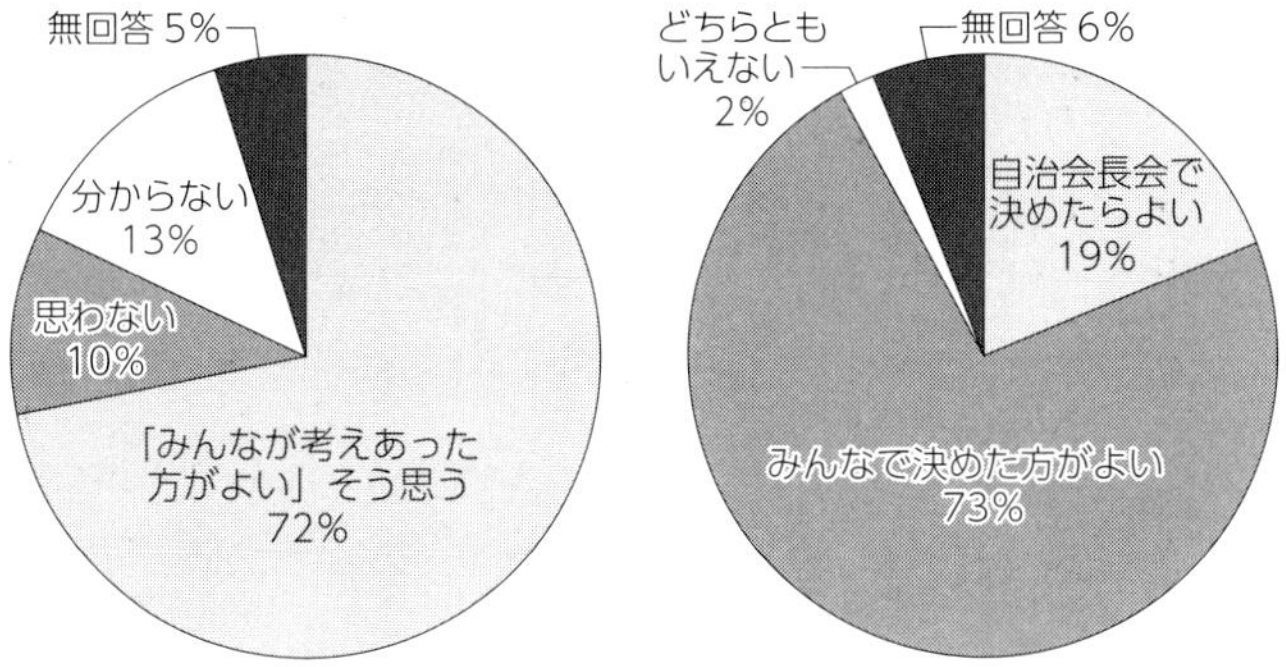

図２－１　船城小学校のあり方についてのアンケート結界

岩邑中学校を残す会が結成され、広範な住民の取り組みが広がっています。

●双方向の対話活動、訪問アンケートで丹波市の船城小学校を守る取り組み

兵庫県丹波市の春日地域の船城地区では、「児童数減少で船城小学校において複式学級になる可能性がある」と、船城小学校のあり方に関する検討委員会が設置されました。検討委員会は非公開になっています。総意が得られない場合は船城地区自治会長会で決議するとしています。

これに対して、丹波市の教育と地域を守る会は、二つの設問でのアンケートを行い船城小学校区の住民の声を聞く双方向型の対話運動を行っています（図２－１）。

第一の設問、船城小学校のあり方検討委員会について、公開で「みんなが考えあった方がよい」と思いませんか。この問いに対して、「そう思う」の回答が72％になりました。

第二の設問、意見がまとまらなかったら自治会長会で決めるとしていますが。この問いに対して、「みんなで決めた方がよい」が73％になっています。

このアンケート回答を集約し、2回目の訪問対話を準備しています。「みんなで考えるのにはどのようにすればよいですか」「子どもの声を聞くのにはどうすればよいと思いますか」「小規模校の実際を見に行きたいと思いますか」などの設問を重ねていくようにして、船城小学校をみんなで守る取り組みを進めています。

アンケート活動は、住民の家を戸別に訪問し対話しています。留守の方は、自治会集会施設に設置してもらった回収ポスト（箱）に入れてくださいとしています。

ほぼ全戸の住民と対話でき、活動に参加した守る会の会員も住民の声が聴けて良かったと、楽しい活動だとの感想を出しています。

（5）小中一貫校の実際を知る

教育委員会が進める小中一貫教育はそれほど素晴らしいのか、実際にどんな学校になるのか、教師や子どもに与える影響などは、第3章を読んでください。

また、大阪教育文化センター学校統廃合・小中一貫教育研究会が発行している「新版　もうやめよう！小中一貫・学校統廃合　Q&A」にわかりやすく紹介されています。

おわりに　わたしたちの取り組みは続く

学校統廃合の攻撃は休むことなく、さまざまな形態で、あらゆる自治体、地域で行われています。どうして、こんなことが行われるのか、背景やねらいについて学習を継続していくことが必要です。同時に、この攻撃に対峙する保護者、地域、教育関係者の運動も発展しています。情報と経験交流を日常的に行い、各地で創造的な取り組みと機敏な取り組みを発展させていく必要があります。

大阪教育文化センターでは、学校統廃合・小中一貫教育研究会が毎月開催されています。自治体、市教育委員会へむけた取り組みと対政府、文科省への交渉とを結合させていく必要があります。

子ども、保護者の要求、悩みをすくい上げ、寄り添い、丁寧な対応で、教師や退職者の地域活動と結合し、当事者の主権者としての学びと成長を援助していく取り組みが求められています。

たとえ学校統廃合が進められても、そこで私たちの活動が終わるわけではありません。学校や地域がどのように変わるのか、検証を行い全国に発信続ける必要があります。

また、子どもたちや保護者にとっては、問題や課題がさらに深化していくのですから、寄り添い、ともに解決を図る取り組みを継続させる必要があります。

自治体当局や教育委員会には、必要に応じて審査請求したり住民監査請求を行って誤りを質すことも必要です。

いま学校統廃合の当事者である子どもたちが、新しい地域と教育の次世代の主権者としての担い手になっていくのですから、私たちの取り組みを世代をこえてつないでいく必要もあります。

——ここは小学生や中学生のみなさん読んでください

★子どもの権利条約《けんりじょうやく》

1989年国連《こくれん》で、世界中《せかいじゅう》の国《くに》が守《まも》らなければならない子どもの権利《けんり》についての約束事《やくそくごと》、「子どもの権利条約《けんりじょうやく》」がつくられました。

そこで、子どもには自分《じぶん》の思《おも》いや願《ねが》いを自由《じゆう》に出《だ》しながら大きくなる権利があり、おとなには、子どもの思《おも》いや願《ねが》いを受《う》けとめ、真剣《しんけん》に向《む》き合《あ》う義務《ぎむ》があると定《さだ》められました。

★意見表明権《いけんひょうめいけん》

子どもの権利条約《けんりじょうやく》第12条では、子どもの意見表明権《いけんひょうめいけん》を定《さだ》めています。

子どもは、自分《じぶん》と関係《かんけい》のあることについて、自分の思《おも》うことや、こうしてほしいなという願《ねが》い、疑問《ぎもん》に感《かん》じることについて、意見《いけん》として自由《じゆう》に表明《ひょうめい》することができます。

そのことに関係《かんけい》するおとなは、その意見《いけん》をていねいに聞《き》いて、きちんと応《こた》える義務《ぎむ》があるのです。

表明《ひょうめい》する意見《いけん》は、まとまった考《かんが》えやととのったものでなくても、あなたが今感《いまかん》じていること、こうしてほしいなの願《ねが》い、なんかすっきりしない気持《きも》ちなどすべてです。

★こども基本法《きほんほう》

日本《にほん》では子どもの権利条約《けんりじょうやく》を具体化《ぐたいか》するために、2022年にこども基本法という法律《ほうりつ》をつくりました。

その第11条で、子どもの意見表明権《いけんひょうめいけん》について定《さだ》めています。

そこでは、医療《いりょう》、福祉《ふくし》、教育《きょういく》など子どもにかかわる大事《だいじ》なことを決《き》めるときには、子どもの意見をおとなが聞《き》かなければならないとしています。

★学校統廃合《がっこうとうはいごう》について

あなたが通《かよ》っている学校、

ともだちがいっぱいいて、先生もやさしくて、毎日通うのが楽しい学校。

もし、その学校が他の学校と一緒《いっしょ》になるとするとしたら、そして今の学校がなくなるとしたらどうでしょう。

そんな大事《だいじ》なことはおとなだけできめてよいでしょうか。
あなたの、気持《きも》ちをおとなたちに伝《つた》えてください。

どうしても他の学校と一緒《いっしょ》になるとしたら、
あなたが納得《なっとく》できるまで説明《せつめい》してほしいですよね。
それでも納得《なっとく》できない場合《ばあい》は、計画《けいかく》を考《かんが》え直《なお》してと正直《しょうじき》にいうことができます。
学校の大事《だいじ》なことを決《き》める教育委員会《きょういくいいんかい》や市議会《しぎかい》に請願《せいがん》を出《だ》すこともできます。

★国連《こくれん》（国際連合《こくさいれんごう》）
第2次世界大戦後《せかいたいせんご》、平和《へいわ》の維持《いじ》、人権《じんけん》を確《たし》かなものにするため、世界中の国々《くにぐに》が集《あつ》まってつくった国際機関《こくさいきかん》です。
日本は、1956年に加盟《かめい》しました。

★請願《せいがん》
憲法《けんぽう》で、おとなも子どももだれでも、どこにでも請願《せいがん》を出《だ》すことができると定《さだ》めています。

請願《せいがん》とは、あなたの思いや願いを文章《ぶんしょう》にして届《とど》けることです。

教育委員会《きょういくいいんかい》や市議会《しぎかい》はあなたの請願《せいがん》が出《だ》されると、会議《かいぎ》を開《ひら》いてあなたの願《ねが》いをどうするか相談《そうだん》します。

PART 3

施設一体型小中一貫校は、実際どのようなものなのか

「小中一貫校」「義務教育学校」には、施設一体型と分離型・隣接型があります。ここでは、小学生と中学生が同居する施設一体型について、その問題点を整理します。義務教育学校かどうかよりも、小学生と中学生が、動線を交えながら生活することの難しさを、私の勤務経験から紹介したいと思います。

1　時間の問題——生活の主体になれない子どもたち

(1) チャイム

小学校は45分授業、中学校は50分授業です。どこの一貫校も苦労して小中の時程をすり合わせています。しかしどうしても小学校の休み時間が中学校の授業に重なる時間があります。小学生たちは「静かに遊びなさい」「静かに給食の準備をしなさい」という訳の分からないことを毎日言われます。これで子どもたちがのびのび学校生活を送ることができるでしょうか。小学生は、休み時間にしっかり発散し、授業になったら切り替えて学習するというメリハリが必要です。

いっぽう中学校には年間10回、20日間にもなる各種テストの日があります。定期テスト、実力テスト、全国学力テストなど、テストごとに時程が異なり、そのたびに特別時程が組まれます。高校受験を見据えて「チャイムで開始、チャイムで終了」という試験スタイルで実施するためには、小学生が我慢するしかありません。とくに英語のヒアリングテストがある時間帯は、静かにしておかなければなりません。小学生は、毎日同じ時程の繰り返しの中で学校生活を送ることが、安心感につながります。中学校のテストによって時程がコロコロ変わる生活に小学生を巻き込むと、安心して外で遊べなくなります。そんな生活を6年間続けると、「中学校はテストばっかり」との印象が強化されていきます。

我慢するのは小学生ばかりではありません。中学生にとって、テスト最終日や個人懇談など、放課後たっぷり部活動ができるはずの時間も、小学校の授業が終わるまでは活動を始めることができません。吹奏楽部も音を出せず「待機」することになります。

(2) スクールバス

学校を統廃合し、通学距離や通学時間が長くなると、行政側はいとも簡単に「スクールバスを出せばいい」と言います。幼稚園の通園バスのイメージで語っているのでしょうが、小中一貫校でのスクールバス運用は、子どもたちに多大な負担をもたらします。

小学校では毎日、学年ごとに下校時刻が違います。5時間目で終わる学年、6時間ある学年、これが曜日によって異なります。中学校では、部活をする生徒、帰宅する生徒の下校時刻が異なります。また、テスト前は部活動なしで全員が下校したり、テスト中は午前中に下校したりする日もあります。さらに宿泊行事の日は登校時刻が早まったり、ある学年だけ下校が遅くなったりもします。毎日全員の降園時刻がそろう幼稚園とは全く違うのです。教員の中にバスの時刻表を作り書き換え、バス会社と打ち合わせをする担当者が必要になります。

中学生は時計も読めるし、時間を逆算することもできますが、小学生にはまだ無理です。時計の読める子も、あと何分でどのくらいの余裕があるかを感覚的につかんでいる子は皆無です。ですから、常に「バスに乗り遅れないか」不安に感じ、焦っています。ゆったりとした時間の流れの中で、時間感覚を育て、生活の主体になっていく、そういう小学校生活を送ることができないまま追い立てられる日々を過ごすことになるのです。

登下校と放課後の自由を奪うスクールバスですが、徒歩通学よりもストレスとなるのが、気の合わない友だちであっても一緒に登下校しないといけないことです。徒歩通学なら時間をずらすこともできますが、バス通学ではそうはいきません。一緒にバスを待つ中で起こるバス停でのケンカやトラブルが日々報告されます。子どもは基本的に待つことが嫌いです。バスの中でじっとしているのも嫌いです。そんなことは先生たちは百も承知ですが、トラブルが起こるとやっぱり指導しなくてはなりません。バス通学のルールを作ったり、バス停で立ち当番をしたり。そんな仕事も必要になってきます。

近年増えている不登校・登校しぶりの子どもにとってもバス通学は過酷です。自分の体と自分のペースで登校時刻や下校時刻を決められないからです。みんなと同じ時間帯に登校するのはしんどいな、そういう子どもも少なからずいることを忘れないでほしいです。

2　施設の問題――どこまで小中共有が可能か

(1) 保健室と図書室

大きな校舎になればなるほど子どもたちは不安を感じ、居場所を求めてさまよいます。そうして行きつくのはやっぱり保健室、そして図書室です。この二つの部屋は、特別教室の中でも、小学生と中学生が交わるという意味で、他の部屋とは違う役割があります。

保健室の先生（養護教諭）は、小中それぞれに配置されるので、お二人おられます。しかし、小学生と中学生とでは主訴が違うのです。けがや発熱で保健室を利用する小学生、人間関係や進路の悩みで、話を聞いてほしくて保健室を訪れる中学生。でも結局小さな子を放っておくわけにいかず、中学生の不定愁訴などは後回しにされてしまいます。一方、中学のテストの日は違います。ふだん学校に来れていない生徒が保健室でテストを受けるため、小学生は立ち入り禁止になるのです。これも小中一貫校では致し方ないことでした。

さて図書室は、静寂と読書を愛する中学生の居場所です。教室の喧騒からのがれ、一人静かに過ごしたい子もいます。しかし、小学生がいると、どうしても騒がしいのです。二人以上で一つの絵本をのぞき込んでおしゃべり。本をさがしてウロウロ。そういう小学生に多感な中学生はかなりイライラするようです。「図書室だけは分けてほしかった」「なんで小学生ってあんなに叫ぶん」と訴える生徒、給食をかき込んで、小学生がやって来るまでのわずかな時間、静寂を楽しむ生徒がいました。さらに地域によっては、図書室を地域に開放するなどという計画もありますが、見知らぬ大人や、小さな幼児が入って来る図書室で落ち着いて過ごすことは難しいでしょう。もし不審者が入り込んだらどう対応するのでしょう。安易な公共施設の複合化は、子どもたちの居場所を奪ってしまいます。

職員室や校務員室・印刷室・PTA室など、大人しか出入りしない部屋は小中合同でも構いませんが、子どもが使う教室・体育館・運動場は、小中で動線が交わらないよう、しっかり分ける、予算をケチらず二つ作ることが、開校後、子どもたちが落ち着いた学校生活を送る上で必要です。

騒音問題も以外に深刻で、テスト中は防火扉を閉めたり、渡り廊下を封鎖したりします。小学生の幼い話し声や黄色い声、リコーダーの音も、かわいいものではなく騒音ととらえられてしまうのが小中一貫校です。

（2）行事前練習と部活・学童保育

運動会前、小学校が特別時間割を組んで毎日練習することが、中学校の先生方には理解されませんでした。2～3週間も前から運動場に白線を引き、入退場門を設置すると、放課後の部活がやりにくいというわけです。毎日、部活で白線はきれいに消え、その後中学生はトンボまでかけてくれますので、翌朝、小学校の教員がトラックのラインを引き直していました。学習発表会や卒業式前の練習は体育館です。毎日ひな壇を出し、放送機材をセットし、放課後の部活が始まるまでに片づけていました。市教委は、授業のことしか考えていません。学校行事前にこんな混乱が起こることを想定していませんでした。中学校の部活に配慮して、小学校が十分な練習ができないというのは、非常に悔しかったです。

放課後、共働き家庭を支える学童保育ですが、小中一貫校では、中学校の部活と棲み分ける必要があります。運動場は野球部やサッカー部が活動しています。ボールが当たる危険があるので、小学生は行くことができません。中学生にとっても、小さな小学生がウロウロしていては、思いっきり運動できません。結局、限られたスペースと遊具で放課後を過ごしていました。夏休みなどの長期休業中は一日保育なので、さらに大変でした。

学童保育が教育委員会の管轄でない自治体も多く、学校統廃合や小中一貫校の計画から置いていかれるケースもあります。指導員の労働組合もない場合、担当課と窓口がなく、情報が入らないことも多いです。子どもたちの豊かな放課後と、保護者が安心して働くために、新しい教室や設備の整備、運動場や体育館の利用のこと、保護者のお迎えのしやすさ、統廃合に伴う引っ越し業務と年度替わりの保育のことなど、誰も考えてくれないまま、突然子どもと親が振り回されるということのないようにしてほしいものです。ここは保護者の出番だと思います。

3　学校行事――小中の目的の違い

(1)　運動会と体育祭

小学校は運動会、中学校は体育祭と呼んでいました。どちらも体育的行事なのですが、その目的と内容は、まったく「似て非なるもの」でした。小学校では、2～3週間、毎日特別時間割を組んでしっかり練習させて本番に臨みます。頑張りを保護者の方に見てもらって、お家でたっぷりほめてもらうことで、達成感や自信を得る、そういう発達段階だからです。しかし、大人の価値観からの自立の道を歩んでいる中学生は違います。自分たちのクラスやクラブといった基礎集団で熱く盛り上がる。皆で勝った負けたと泣いたり喜んだり。大人の目なんかそっちのけ、まさにお祭りなのです。その青春する姿を中学校の先生たちも一緒に楽しんでいるのが中学校の体育祭です。

これを小中一貫校になったからといって合同の行事にするのは非常に難しいことです。まず、プログラムのすり合わせが難航します。児童会主催の全校大玉送りや、就学前児童のかけっこ、ＰＴＡ綱引きなどが削除されました。いっぽう、運営や準備のほとんどを中学生に任せるやり方は、まどろっこしくて小学校の先生には理解できません。さらに小学校の紅白対抗や伝統の応援合戦と、中学校のクラス対抗の応援旗やパフォーマンスをどうするかも悩ましい問題です。どちらかに合わせると、どちらかの発達要求に応えることができません。小中折衷案的な行事にすると、それを９年間やらされる子どもたちにとってはマンネリ感が出てきて、５年くらいで飽きがくることになります。皆が満足できる行事にするには、小中別に実施するのが一番です。６年生が小学校の最高学年として大活躍する体験も、合同体育大会では不可能です。

文化的行事である音楽会（あるいは学習発表会・学芸会）と中学校の文化祭は、「文化」の中身が幅広いため、さらに合同行事化は困難です。とくに合唱コンクールは、声量という点で7年生が6年生を上回ることはできません。男子の多くが声変わりの真っ最中で、正しく音程が取れないのです。「正比例的に人間は成長していく」と思っている小学生に、失望を与え、中学生に恥をかかせる。これはお互いにとって不幸でした。

（2）小学校の卒業式

小学校の卒業式は、卒業証書を渡すだけの行事ではありません。子どもにとっては、楽しかった小学校生活をふり返り、自分の成長を感じ、未来に思いをはせる機会です。大人たちも正装して来校し、大きくなったわが子の姿をかみしめます。小学校教師はこの日の誇り高き6年生の姿を目に焼き付けます。「おめでとう」「ありがとう」「さようなら」～涙と花に包まれた感動的な一日です。

小中一貫校が開校して3年目、6年生たちが小学校の卒業式に異を唱え始めました。毎日、証書授与や歌、よびかけの練習をしていた最中です。「なんでこんなことやらなあかんねん」「4月からまたここに来るのに」と言います。「おめでとう」も「さようなら」も意味が分からない、「先生もみんなもおるんやろ」、「未来へ言うても、中学校のことはだいたい分かってるし」というわけです。

いっぽう中学校には、「卒業式の練習」という文化はありません。3年生は最後の一人が進路を確定するまで気が抜けません。1・2年生は、春の大会に向けて部活動に忙しい日々です。体育館に毎日ひな壇を置いたりパイプ椅子を並べたり、児童会主催の「6年生を送る会」をしたり、壁飾りを作ったりしている小学校の営みを不思議がっていました。

結局、子どもたちの気持ちがついてこない、高められないということで、小学校の卒業式は廃止され、簡素な卒業証書授与式になりました。卒業式は9年生のみです。子どもと親にとってこれでいいのか、という思いと同時に、教師にとってもどうなのか、と思います。開校当初、新鮮に感じたお互いの学校文化ですが、小中が同居する中で一つ一つ失われていきました。他校種の学校文化や考え方を学ぶことができなくては、教師にとっても研修にならないのではないでしょうか。

4　先生たちの多忙感の正体

(1) 教科担任制

「中学校の先生に教科の専門性をもって教えてもらえば学力が上がる」「教科担任制にすれば、先生方の負担がへる」という宣伝もよく聞きます。本当でしょうか。小学校の授業は、なにぶん相手が幼いので、まずは掴み（導入）が大事です。ここで興味を引き付けて、学ぶ動機づけをしなくてはなりません。集中力も短いので、説明する内容・提示する資料も精選します。また、どんな活動をさせて楽しく理解させるか工夫します。目の前の子どもに合わせながら臨機応変に授業を創る、ここに小学校教員の専門性があるのです。いっぽう中学校では、次の試験までにここまで進まなくてはならないと、進度重視の授業にならざるを得ません。近年ことに授業内容が増えていることと、受験に際して未履修があってはならないからです。時間が足りないので、どうしても説明と板書が中心になってきます。小中乗り入れ授業は、先生たちにとって大変な負担になることは言うまでもありません。

小学校5・6年生に教科担任制を導入したことがあります。しかし1か月で子どもたちが落ち着かなくなり、元気がなくなりました。担任の先生たちが、ずっと教室にいてくれるのでなく、他のクラスの授業に行ってしまうのが、不安なのです。担任の方も、他クラスで授業することで、自分のクラスの悪いところが目につき、小言ばかり言ってしまい、子どもと関係が築けないと悩んでいました。国語担当は、教科書の内容を進めるだけでなく漢字の宿題の点検や小テストをする時間がないと言い、算数担当は、計算の習熟や理解度を担任がつぶさに知らなくていいのかと問い、理科担当は、実験とその準備の時間の融通がきかない、社会担当は、社会見学について相談できる先生がいないと嘆きました。行事前の特別時間割にも対応できず、いじめや登校しぶりにも十分対応できない。こんなに忙しいのに学力もつかない、問題ばかり起こる状況に疲弊していきました。やはり小学校は、教科担任制よりも、子どもに寄り添う学級担任制が合理的なのです。

教科担任制である中学校は、小学校とは先生の定数がそもそも違うのです。教科担任制と言いながら小中の先生を使いまわすのでなく、小学校にも中学校なみの先生を配置すれば、よかったかもしれません。中学校の先生たちは、複数の教科を教える「教科またぎ」、複数の学年の授業をもつ「学年またぎ」、毎日の宿題とその点検、副担任のいない学級経営はありえないと同情してくれました。また、小学校の「まずは国語、次に算数」（つまり「読み書きそろばんが基本」）という教科ごとの軽重に驚いていました。

小中の先生の人数を少なくして安くあげる、教員不足に対応するという発想での一貫校化、義務教育学校化には、声を大にして反対しなくてはならないと思います。

（2）部活

「小学生のうちから中学生と一緒に部活動をすれば、上達する」「小学校教員にも中学校の部活の顧問を担ってもらうことで負担軽減がされる」などと説明する教育委員会も多いです。しかし私たちの学校では、そうはしませんでした。ある小中一貫校の先生方に話を聞くと、「小学生が来る日は生徒たちが機嫌が悪い」と言うのです。次の試合や大会を目標に練習をする中学生と、しょせん遊びの延長でしかない小学生とでは、モチベーションが違うということ、下剋上が許されない先輩後輩の関係が理解できず、敬語も使えない小学生は邪魔でしかないということのようです。やっぱり部活は中学生にとって大切な世界、これは守ってやろうということになりました。

また、別の一貫校の先生は、「小学校の先生に顧問を頼んだ結果、子育て世代の先生が一人もおられなくなった」と言います。基本的に空き時間のない平日の激務に加え、土日まで部活の練習や試合の引率に出ていては、授業の準備もできないというわけです。わが子を育てながら、子どもたちを可愛がり、保護者の相談にものる、そうした安心感のある先生がいない。小学生にとって何が大切か、中学校の先生たちとしっかり論戦できる小学校の先生がいない。こうして学校全体が、中学校の論理だけで運営されるようになり、大量の不登校と私学受験者を生みだしたと。小学校教員の本務は授業。小学校の先生には、中学校の部活の練習や試合の引率はもちろん、会計や顧問会議なども含めて担当しないと決めたことで、安心して統廃合後の学校に継続勤務してもらうことができました。

中学生になって仮入部をへて5月に本入部という流れが一般的ですが、小中一貫校では、年度初めに会議が多く、顧問が部活に出られないとの声があがりました。そこで、6年生の3学期に仮入部期間を設けたことがあります。しかし、6年生に部活は体力的に負担が大きく、毎日の宿題がおろそかになる、忘れ物が非常に多くなる、遅刻や居眠りも出はじめ、やはり無理だということがわかりました。

また、生徒会が各部に呼びかけて、小学生にいろんなスポーツに挑戦する機会を作ってくれたことがあります。これは大好評で、中学生に教えてもらいながら楽しい時間を過ごすことができました。やはり小中交流にはメリハリが大事だということです。しかし、中学校側の負担が大きく、時間確保も難しいということで、この企画も1回きりになってしまいました。

小中一貫校にすることで、教員の多忙はなくなりません。期待されませんよう。

5　子どもたちのココロと成長

(1)　廃校による傷つきと荒れ

自分の学校があと数年で廃校になると知ったときの子どもたちのショックは計り知れません。教育委員会からのパンフレットを配った時、6年生たちは、「オレはこんなん反対や」「どうせ大人の都合やろ」と言い放ちました。その後、やり場のない怒りや不安、寂しさは、器物損壊というかたちで表現されました。中学生たちは大人不信になり、授業不成立が蔓延しました。工事が始まってからも、校庭の木が切られる光景に泣く中学生がいました。言葉ではなかなか表現しない・できないのですが、子どもたちのモヤモヤした気持ちを大人は正面から受け止める必要があります。

「友だちが増えるよ」「校舎が新しくなるよ」と、大人たちは言いますが、そんな話では納得できません。私たちの学校では、閉校記念誌づくりの中で、全校児童に「学校が閉じることへのさみしさ」を言語化する取り組みをしました。学習発表会では劇もしました。言語化すれば大人にも共感してもらえます。「立派な閉校式」をするために、大きな声で校歌を歌う練習をさせられ、「自分の気持ちと違う」「統廃合に反対です」と言って命を絶った大東市の小学生のニュースは他人ごとではありませんでした。

また、地域で反対署名を集める大人、夜な夜な集まって相談をする親たち、市役所にのりこむ祖父母の背中を子どもたちは見ていました。自分たちの学校のことをこんなにも考えてくれる大人がいるということを教えられたのです。こうした大人たちのおかげで、「開校と同時に全学年が学級崩壊」「きれいな校舎が落書きだらけに」といった関東の一貫校のようにはならずにすんだと思っています。

それでも統廃合による心の痛みは決して消えません。本当にかわいそうです。

（2）リセットチャンスの喪失

「今日から中学生」「電車料金も大人と同じ」「その制服を着ると言うことは〜」などなど、中学1年生を迎える先生たちは、小学生との違いを強調し、中学生としての自覚を促します。しかし、小中一貫校ではこれらの言葉が生徒の心に響きません。「なんで今までと一緒やったらあかんの」と聞き返されて困った、と7年生の担任。小中一貫校では、「中1ギャップ」をなくすために、小学校のうちから中学校文化を取り入れ、慣らしてきたので当然の帰結です。一般の学校では小学生は、「中学校に行ったらこんなことしよう」「こんな自分になろう」と考えながら中学校の入学式を迎えます。しかしその機会がないのです。小6から中1へ。この大きな飛躍の機会を逃してしまうわけです。

さらに困った事は、5年生から7年生の「中期」と呼ばれる時期に「中だるみ」がおこることです。一般校では「最高学年」「学校の代表」である誇り高き6年生ですが、小中一貫校では、そうはいきません。そして、彼らには中学校は「テストばっかり」「先生こわい」「部活キツイ」という印象が強いため、「7年になったらちゃんとするから」「今は遊ばせて」と言い出す始末です。中学生たち自身は、テストと校則と受験に挟まれながらも青春を謳歌しているのですが、小学生には表面的なことしか見えないのでしょう。「小中一貫校では、中学校へのあこがれが育つ」というのは、全くの幻想でした。

もう一つ、「小中一貫校では、小さな子どもへの思いやりが育つ」とよく言われます。しかし中学生たちは、「いつもいつもお手本を求められてしんどい」「優しくできるときばっかりとは限らない」と言っていました。思春期真っ盛りの中学生です。ときには羽目を外すこともあるし、やんちゃなことも危ないこともします。しかし小中一貫校では常に小学生の目があるので、中学生たちは遠慮してしまうのです。小学生が下校してから職員室にやってきて先生たちに甘える中学生の姿もありました。「小学生ばかり優先されてる」との声もよく聞かれました。「生徒がおとなしくなった」と喜ぶ先生もいますが、中学生の社会性の発達にとって、本当にいいことなのか甚だ疑問です。

小学生と中学生はしっかり分けて、時々交わる。いつもいつも一緒にいるとあこがれも思いやりも育たないというのが、勤務した者の実感です。

不登校、いじめ、学力問題といったあらゆる教育課題が解決すると説明され、建設された小中一貫校ですが、その後どうなったのか、正面から検証することなく次々と計画が持ちあがる状況に心を痛めています。

資料編

●こども施策の策定等へのこどもの意見反映に関するＱ＆Ａ

●請願書・陳情書

●公文書公開請求

●開示決定等に不服があるとき（審査請求）

●不服審査請求

●住民監査請求

●事務監査請求

●こども施策の策定等へのこどもの意見反映に関するQ&A（【第1版（令和4年11月版）】一部抜粋）

Q1　こども施策へのこどもの意見反映は、必ず取り組まなければならないのか。

A1　こども基本法第11条において、**国及び地方公共団体に対し、こども施策の策定、実施、評価に当たっては、その対象となるこども等の意見を反映させるために必要な措置を講ずることを義務付ける規定が設けられている。**こどももも社会の一員であるという認識のもと、同条を踏まえ、こどもからの意見の聴取及び施策への反映に取り組んでいただきたい。

Q2　こども施策といっても幅広いが、どの施策に関してこどもの意見を聴く必要があるのか。

A2　こども基本法に基づき、こども施策を策定・実施・評価するに当たって、こども等の意見を反映するための必要な措置を講ずる必要があるが、同法の「こども施策」には、こどもの健やかな成長に対する支援等を主たる目的とする施策に加え、**教育施策**、雇用施策、医療施策など幅広い施策が含まれる。

具体的に、意見聴取のテーマをどのように設定するか、どのような手法で、どの程度の頻度で意見を聴くのかなどについては、各地方公共団体において、個々の施策の目的等に応じて、こどもたちの声や反応を踏まえつつ、取組を進めていただきたい。

Q3　こどもの意見はどのような手法で聴けば良いのか。

A3　本年度、調査研究事業においてモデル事業を実施しており、それらの結果については地方公共団体

の皆様にも参考にしていただけるようお伝えする予定であるが、

・**こどもや若者を対象としたアンケートやパブリックコメントの実施**

・**審議会・懇談会等の委員等へのこどもや若者の参画の促進**

・**こどもや若者にとって身近なＳＮＳを活用した意見聴取**などこどもや若者から直接意見を聴く仕組みや場づくり

・こども関連施設の訪問などの機会を活用した、こどもや若者へのヒアリングやインタビューの実施

・**こどもたち自身の運営による情報共有と意見交換などの機会の設定**といった手法が考えられる。

これらはあくまで例示であり、これらを全て実施しなければならないというものではなく、こども施策の内容や目的などに応じ、多様な手法を組み合わせながら実施することが重要である。

Ｑ４　こどもの意見を聴くに当たって、どのような点に留意すれば良いか。

Ａ４　こどもの意見を聴くに当たっては、

・どのような理由で何を聴くのか、意見を聴くテーマに関する適切な情報などを、こどもの年齢及び発達の程度に応じ、こどもに事前に伝えること

・**こどもが意見を言いやすい雰囲気やこどもの声を引き出す場をつくるため、ファシリテーターやサポーターを活用すること**

・積極的に意見を言えるこども、言いたいこどもだけでなく、脆弱な立場に置かれたこどもをはじめ様々な状況にあるこどもや低年齢のこどもを含めて、多様なこどもの声を聴くこと

・聴かれた意見がどう扱われたのか、こどもにフィードバックをすることや広く社会に発信していくことなどの留意や工夫が考えられる。

Q５　こどもの意見を聴くに当たって、ファシリテーターやサポーターのような役割が重要とのことだが、そうした人材はどのように確保すれば良いか。

A５　例えば、

・児童館や青少年センターなどで、日ごろからこどもと直接接している職員

・こどもや若者の支援や参画に関わっている民間団体

・世代の近い地域の学生や若者などを活用することが考えられる。

なお、ファシリテーターやサポーターのような役割については、誘導をしないようにすることや基本的人権に配慮することなど、基本的な配慮事項について共有しておくことが望ましい。

Q６　脆弱な立場に置かれたこどもをはじめ様々な状況にあるこどもや低年齢のこどもなど声をあげにくいこどもや若者の意見の聴取は具体的にどのように行うのか。

A６　こどもや若者が入所・利用している施設等がある場合は、そうした施設等との連携の上、それぞれの背景・特性に応じた合理的な配慮をしながら意見を聴くことが求められる。

具体的には、

・こどもの希望や意向を尊重した方法で実施すること

・安心して話せる環境を保障すること

・必要に応じ、本人の考えを代弁できる者が関わることなどが考えられる。

Q７　こどもからの意見聴取は、行政職員自ら行う必要があるか。

Ａ７　行政職員自ら行うほか、例えば、ヒアリングやファシリテートをこどもや若者の支援や参画に携わっている民間団体等に委託して実施する、アンケート調査を民間企業等に委託して実施する等、アウトソーシングの手法を活用して効果的かつ効率的に実施することも考えられる。

Q８　こどもの意見反映のための予算措置としてどのようなことを検討すれば良いか。また、国から地方公共団体への補助事業などは検討しているか。

Ａ８　既定の経費の中で対応するほか、委託実施のための経費を予算措置すること等が考えられる。こども家庭庁創設後に実施する地方公共団体向けの具体的な支援については、現在行っている調査研究事業の結果等も踏まえ、検討してまいりたい。

Q９　こどもの意見はどのように反映するのか。聴いた意見はすべて反映しなければいけないのか。

Ａ９　例えば、聴取した意見について会議などで施策を議論する際の資料として提出、報告し、参考にすること等が考えられる。

　聴取したこどもの意見を実際に反映するかどうかについては、当該施策の主たる目的、こどもの年齢や発達の段階、実現可能性などの考慮要素とこどもの意見とを比較衡量し、こどもの最善の利益を実現する観点から合理的に判断されるものであり、検討の結果、こどもの意見とは異なる結論が導かれることはあり得る。

いずれにしても、個々の意見すべてについて逐一対応を示す必要はないが、要約された意見・提案等については、「意見を反映した」「今後の検討課題とする」などの対応について分かりやすく示すことが望ましい。

Q10　聴いた意見の反映について、こども・若者にどのようにフィードバックするのか。

A10　フィードバックの方法については意見聴取の手法によっても様々であると考えられるが、行政効率も勘案しつつ、例えば、

・聴いた意見をこどもたちに分かる形で共有・公開すること

・意見が施策に反映されたか、反映が難しい場合もその理由を含め公開すること

などが考えられる。

また、**フィードバックの内容を、ホームページやSNS等を活用し、こども・若者を含め、広く一般にも発信することが**望ましい。

＊内閣官房ウェイブサイト（https://www.cas.go.jp/jp/seisaku/kodomo_seisaku_suishin/ikenhanei/pdf/221114_renraku.pdf　2025年1月20日最終閲覧）。

●請願書・陳情書

市政などについての意見や要望があるときは、誰でも請願書や陳情書を市議会に提出することができます。

請願書を提出するときは、市会議員の紹介を必要とします。

陳情書の場合は、市会議員の紹介は必要ありません。

教育委員会への提出請願では紹介議員は必要ありません。

請願書

年　　月　　日

〇〇市議会議長

請願者　住　所

氏　名

紹介議員

件　名

請願項目

請願の理由・経緯等

陳情書

年　　月　　日

〇〇市議会議長

陳情者　住　所

氏　名

件　名

陳情項目

陳情の理由・経緯等

●公文書公開請求

行政文書の開示請求とは［横浜市の例］

横浜市は、平成12年2月に横浜市の保有する情報の公開に関する条例（条例・規則の一覧）を制定し、市民の知る権利の尊重と、市の市政に関する説明責務を明記するとともに、行政文書の開示を求める権利を広く何人にも保障しています。また、審議会等の会議の公開や出資法人等の情報公開にも取り組むなど、情報公開の総合的な推進を図っています。

●開示決定等に不服があるとき（審査請求）

行政文書の開示請求や、保有個人情報の開示請求等に関して、横浜市の実施機関が行った開示決定等に不服があるときには、行政不服審査法に基づき、実施機関に対して審査請求をすることができます。

審査請求は、開示決定等があったことを知った日（＝開示請求等に対する決定通知書が送付された日）の翌日から起算して3か月以内に、開示決定等を行った実施機関あてに行います。

第１号様式（第４条第２項）

開示請求書

年　　月　　日

（請求先）

請求者　　氏　　名
郵便番号
住　　所
電話番号

横浜市の保有する情報の公開に関する条例第６条第１項の規定に基づき、次のとおり行政文書の開示を請求します。

1　開示請求に係る行政文書の名称又は内容

2　開示の実施方法※記載は任意です
⑴閲覧　⑵写しの交付　⑶視聴　※いずれか１つを選択してください。
【閲覧又は視聴の場合の希望日】〈　　　　　　〉
【写しの交付の場合の実施方法】
□　窓口【希望日】〈　　　　　　〉　□　郵送
□　電子情報処理組織
【電子メールアドレス】〈　　　　　　　　　　　　　　〉
【写しの交付の場合の希望する媒体】
□　紙媒体（□カラーページがある場合は、カラー印刷を希望）
□　電磁的記録

年　月　日

（実施機関）

審査請求人

審査請求書

次のとおり審査請求をします。

1　審査請求人の氏名及び住所又は居所

2　審査請求に係る処分の内容

実施機関が　　　年　月　日　第　　号により審査請求人に対してした「　　　　　　　」の決定

3　審査請求に係る処分があったことを知った年月日

年　月　日

4　審査請求の趣旨

5　審査請求の理由

6　実施機関による教示の有無及びその内容

「本件処分に不服があるときは、この処分があったことを知った日の翌日から起算して３か月以内に、　　　　　に対して審査請求をすることができます。」との教示がありました。

7　添付書類

●不服審査請求

行政不服審査制度は、行政不服審査法（平成26年法律第68号）に基づき、行政庁による違法・不当な処分又は不作為により国民（市民）の権利利益が侵害された場合に、公正な手続の下で、その簡易迅速な救済を図るとともに、行政の適正な運営を確保するための制度です。

審査請求書

年　月　日

審査庁

審査請求人
住　　所
氏　　名
電話番号

次のとおり審査請求をします。

1　審査請求に係る処分の内容

2　審査請求に係る処分があったことを知った年月日

3　審査請求の趣旨

4　審査請求の理由

5　処分庁の教示の有無及びその内容

6　その他として、次の書類を提出します。

7　○○市行政不服審査会への諮問の有無（希望しない場合のみチェック）
□　希望しない

裁判との違い

行政事件訴訟との違いは、審査請求では、①書面審理を基本する手続であること、②手数料がかからないこと（ただし、証拠のコピーの交付を受ける場合には手数料が必要です。）、③処分の違法性のみならず不当性についても審査されること、などがあります。

●住民監査請求

住民監査請求とは、市民が、市長・市職員等による違法又は不当な財務会計上の行為や違法又は不当に財産の管理を怠る事実があると考えるときに、監査委員に対し監査を求め、当該行為の防止、是正、当該怠る事実を改め、又は市が被った損害を補填するため必要な措置を講ずべきことを請求することができる制度です。（地方自治法第２４２条）

なお、特に理由がある場合には、監査委員が行う監査に代えて、個別外部監査人が行う監査を求めることもできます。（地方自治法第２５２条の43）

監査委員が相当と認めた場合には、市長が議会の議決を経て個別外部監査人と契約を締結し、個別外部監査契約による監査が実施されます。

［横浜市の例］

冒頭に「横浜市職員措置請求書」と記載してください。

請求の要旨

・具体的に記載してください。

請求人の住所

・個人で請求する場合は、実際にお住まいの住所を記載してください。
・団体で請求する場合は、主たる事務所又は本店の所在地を書いてください。

請求人の氏名

・自署（視覚障害者が公職選挙法施行令別表第一に定める点字で自己の氏名を記載することを含む。）してください。押印は不要です。
・団体で請求する場合は、団体名・代表者職氏名を記載してください。

請求人の連絡先

・平日の日中に連絡の取れる電話番号を記載してください。
・団体で請求する場合は、連絡担当者の氏名及び電話番号を記載してください。
・複数の個人が連名で請求する場合は、代表者を選定の上、代表者の氏名及び電話番号を記載してください。また、代表者に事故があった際に代表者に代わる方の氏名及び電話番号も記載してください。
・複数の団体が連名で請求する場合は、代表団体を選定の上、代表団体の連絡担当者の氏名及び電話番号を記載してください。
請求書提出の日付
末尾に「横浜市監査委員宛て」と記載してください。
※個別外部監査契約による監査を求める場合は、監査委員による監査に代え個別外部監査契約による監査を求める旨と、個別外部監査契約による監査を求める理由を記載してください。

●事務監査請求

事務監査請求（地方自治法第12条第2項、第75条、第252条の39）

市民は、監査委員に対し、市の事務の執行に関し、監査の請求をすることができます。

事務監査請求をするには、有権者の50分の1以上の連名による署名が必要です。

事務監査請求は、市の仕事（事務執行）全般が対象となります。

監査委員の監査に代えて、公認会計士、弁護士など外部の監査人による監査を求めることもできます。この場合、監査委員は、外部監査人の監査（個別外部監査契約に基づく監査）によることについての意見を付して、区長に通知します。区長は、事務監査請求に係る個別外部監査契約に基づく監査と個別外部監査契約の締結について議会の議決を経た後、監査を実施します。

住民監査請求では、不服がある場合には住民訴訟を提起することができますが、事務監査請求については、訴訟等で争うことはできません。
事務監査請求の各書式は自治体の監査委員会事務局で相談してください
事務監査請求の手続の流れは、次のとおりです。

1　請求代表者証明書の交付申請【請求代表者】
・事務監査請求の請求代表者（複数でも可）を決めます。
・請求代表者は、事務監査請求代表者証明書交付申請書に事務監査請求書を添付して監査委員に提出します。
2　請求代表者証明書の交付と告示【監査委員】
・監査委員は、請求代表者が選挙権を有するかどうか、選挙管理委員会に確認を依頼します。
・監査委員は、選挙管理委員会からの回答で確認がとれた場合は、事務監査請求代表者証明書を請求代表者に交付し、その旨を告示します。
・監査委員は、事務監査請求書を請求代表者に返却します。

3　署名活動【請求代表者】
・請求代表者は、署名収集を他の有権者に委任するときは、その方に事務監査請求署名収集委任状を交付します。
・請求代表者は、告示日から1か月以内に署名を収集します（例：告示日が12月10日の場合は1月10日が署名収集期間の満了日）。告示日当日も署名を収集できますが、告示日より前にあらかじめ署名を収集することはできません。

・署名収集期間中に当市で選挙が行われる場合は、一定期間署名収集活動はできなくなり、その分の日数は選挙後に持ち越され、計31日以内の期間になります。

・請求代表者又は受任者が有権者に直接対面して署名を収集します。回覧や郵送による署名の収集は認められません。

・事務監査請求者署名簿には、①事務監査請求書（写し可）、②事務監査請求代表者証明書（写し可）、③事務監査請求署名収集委任状（委任した場合のみ。原本。）をワンセットで綴り込みます。分冊することは可能です（ワンセットは堅持）。

4　署名簿の提出【請求代表者】

・請求代表者は、署名収集期間の満了日の翌日から5日以内に事務監査請求者署名簿を選挙管理委員会に提出します。

5　署名簿の審査、縦覧と告示【選挙管理委員会】

・選挙管理委員会は、署名総数が法定署名数（有権者の50分の1）に達しない場合や提出期間を徒過して提出された場合は、審査せず署名簿を返付します。

・選挙管理委員会は、署名簿の提出日から20日以内に個々の署名について審査を行い、署名の効力を決定します。

・選挙管理委員会は、署名の総数と有効署名の総数を告示します。
・選挙管理委員会は、署名簿を有権者である関係人に7日間縦覧します。縦覧の期間と場所は、告示・公表します。
・関係人は、縦覧期間中に異議を申し出ることができます。その場合、選挙管理委員会は、申出のあった日から14日以内に審査して決定します。
・選挙管理委員会は、縦覧で異議の申出がないとき又は全ての異議について決定したときは、その旨と有効署名の総数を告示します。
・選挙管理委員会は、末尾に署名の総数、有効署名と無効署名の総数を記載して、署名簿を請求代表者に返付します。

6　事務監査請求書の提出【請求代表者】
・請求代表者は、署名簿の返付等から5日以内に事務監査請求書（返却されたもの）に事務監査請求署名収集証明書と事務監査請求者署名簿を添えて監査委員に提出します。

7　事務監査請求書の受理と告示【監査委員】
・監査委員は、有効署名総数が法定署名数（有権者の50分の1）に達しない場合など要件を満たさない場合は、受理せず却下します。
・監査委員は、事務監査請求書を受理した旨を請求代表者に通知し、請求代表者の住所氏名と請求の要旨を告示・公表します。

8　監査実施【監査委員】

・監査委員は、受理後、事務監査を実施します。

・事務監査を何日以内に行うという期間の定めはありません。

9　監査結果報告と告示【監査委員】

・監査委員は、事務監査の結果を請求代表者に通知し、告示・公表します。

・監査委員は、事務監査の結果を議会、市長、関係のある行政委員会に提出します。

[著　者]

山本由美（やまもと・ゆみ）　　執筆：はしがき、PART 1、資料編
和光大学現代人間学部教授、東京自治問題研究所理事長

今西　清（いまにし・きよし）　　執筆：PART 2、資料編
学校統廃合と小中一貫教育を考える全国ネットワーク事務局

柏原ゆう子（かしわら・ゆうこ）　執筆：PART 3、本文・表紙イラスト
小学校教諭、大阪教育文化センター「学校統廃合・小中一貫教育研究会」

学校は子どもと地域のたからもの
—学校統廃合と小中一貫校にかわるプランを—

2025年3月10日　初版第1刷発行

著　者　山本由美・今西　清・柏原ゆう子

発行者　長平　弘

発行所　株式会社 自治体研究社
〒162-8512 東京都新宿区矢来町123 矢来ビル4F
TEL：03·3235·5941／FAX：03·3235·5933
http://www.jichiken.jp/
E-Mail：info@jichiken.jp

ISBN978-4-86826-000-4 C0037

印刷所・製本所：モリモト印刷株式会社
DTP：赤塚　修